绝对成交：
销售人员话术内训手册

冯义杰 ◎著

黑龙江教育出版社

图书在版编目（CIP）数据

绝对成交：销售人员话术内训手册/冯义杰著.---哈尔滨：黑龙江教育出版社，2017.2
（读美文库）
ISBN 978-7-5316-9138-9

Ⅰ.①绝… Ⅱ.①冯… Ⅲ.①销售－语言艺术－通俗读物 Ⅳ.①F713.3-49

中国版本图书馆CIP数据核字(2017)第041202号

绝对成交：销售人员话术内训手册
Juedui Chengjiao：Xiaoshou Renyuan Huashu Neixun Shouce

冯义杰 著

责任编辑	宋怡霏
装帧设计	仙境书品
责任校对	朱蕾
出版发行	黑龙江教育出版社
	（哈尔滨市南岗区花园街158号）
印 刷	保定市西城胶印有限公司
开 本	880毫米×1230毫米 1/32
印 张	7
字 数	140千
版 次	2017年5月第1版
印 次	2017年5月第1次印刷

书 号	ISBN 978-7-5316-9138-9	定 价	26.80元

黑龙江教育出版社网址：http://www.hljep.com.cn
如有印装质量问题，影响阅读，请与我公司联系调换。联系电话：0312-7182726
如发现盗版图书，请向我社举报。举报电话：0451-82533087

2011年6月邀请中国著名水营养学家、原世界水文化研究会会长李复兴教授合作《水与健康》千人大会。

2012年与中脉国际全球教育总裁郑联军合作"绝对成交"火力基础训！

受邀参加中国养老标杆大型企业集团唯创国际集团千人目标会议，与唯创集团总裁王磊合影。

2014年关于倡导全社会关注环保与健康，接受凤凰卫视及凤凰网专访。

2013年与吉尼斯世界万人走火大会纪录保持者、中国潜能开发大师徐嘉庆老师合影。

2012年和瓦尔国际集团总裁一起合作"绝对成交"。

冯义杰先生接受褒奖现场。

会议"绝对成交"现场。

前 言
Preface

成交,牵动着万千销售员的心。成交,所有销售员不懈努力、为之奋斗的目标。

成交就是硬道理。销售的最终目的,就是为了成交。销售员的一切努力,都是为了成交。

在销售行业流传着这样一句话:"买卖不成话不到,话语一到卖三俏。"要成为出色的销售人员,顺利地将产品卖出去、实现成交的目的,就一定要拥有出色的说话能力。只有拥有出色的说话能力,才能充满自信、从容自如地与客户交谈对话,才能清晰准确、生动形象地表达自己的观点,陈述自己的推销理由,才能让客户感受到你的个性魅力,欣赏你口吐莲花的说话艺术,乐于购买你的产品和服务。

销售归根结底就是说服和引导客户接受自己的观点并购买产品和服务的过程。无论是接近客户、引起注意、激发兴趣,还是示范产品、唤起购买欲望、克服各种成交障碍,销售的每一个阶段、每一个环节无不都在考验着销售人员的说话能力。销售人员熟练掌握和运用各种语言艺术和说话技巧,是促进成交、提高销售业绩的关键所在。出色的说话能力,可以消除客户的疑虑,赢得客户的信任;可以将关键信息有效地传递给客户,让客户理解并接受；可以缓和销售中的气氛，摆脱销售中的沟通困境；可以掌握交谈的主动权，变被动为主动，扭转局面；可以给客户带来愉悦的享受，推动交易的达成……

在现代社会，出色的说话能力是每一个有追求的销售人员所必须具备的一项基本本领。对于销售人员来说，要想赢得客户的喜欢，被客户接纳，就必须具备出色的交谈能力与说话艺术，只有这样，才能打开与客户沟通的大门，彼此的心灵才能产生共鸣，并为双方的交易关系搭起一座桥梁。

那么，销售人员怎样才能练就出色的说话能力呢？世界社交和口才大师戴尔·卡耐基说："口才并不是一种天赋的才能，它是靠刻苦训练得来的，销售口才也是如此。"出色的说话能力完全可以通过学习和训练获得。提高说话能力最好的方法，就是在平时去学习、去探索切实可行的交谈与沟通技巧，多说、多练、多实践。

本书针对销售工作中最常见的说话难题，总结出了开场话术、演示话术、攻心话术、诱导话术、提问话术、赞美话术、化解异议话术等各种销售情境中要运用的话术，结合实际案例，讲解了这些话术的要点及其运用之道，为刚刚进入销售行业和正在从事销售工作的朋友提供了切实可行的提高方法，希望可以帮助你提高说话的水平，进而提高销售业绩，成为一名合格的销售人员。本书既可以作为广大销售员提升自己说话能力的学习手册，也可作为各类企业培养和提升销售员口才的内部培训教材。

"交易的成功，往往是说话的产物"，这是美国的超级推销大王弗兰克·贝特格近30年推销生涯的经验总结。练就无敌销售话术，打造无往不利的影响力、说服力和销售力，拿下每一笔订单，达成每一笔交易。

目 录
Contents

第1章 话术一到卖三俏——绝对成交第一课

声声感染客户的心 / 003

熟练控制说话的语调 / 005

把握好与客户说话的节奏 / 007

说话中适时运用停顿 / 009

注重与客户谈话的语气 / 011

培养一流的销售语言礼仪 / 014

有一种话术叫肢体语言 / 017

第2章 开口拿订单——绝对成交的开场话术

一开场就吸引客户 / 023

寒暄式的开场白 / 025

坦承来意的开场白 / 026

拉家常式的开场白 / 028

援引第三方切入开场白 / 031

借助权威完成开场白 / 033

开场白要有创意 / 034

正反比照修炼开场白 / 037

好的开场白是成交的一半 / 039

第3章 引爆大卖点——绝对成交的演示话术

像专家一样介绍产品 / 045

卖产品不如卖效果 / 047

介绍产品时要突出卖点 / 049

示范是最好的介绍 / 051

产品示范力求印象深刻 / 054

用权威的数字说话 / 055

多强调商品的好处 / 058

充分调动客户的想象力 / 059

对产品的介绍要客观 / 061

第4章 说到心坎上——绝对成交的攻心话术

在从众心理上做文章 / 067

利用逆反心理反着说 / 068

满足客户"值得买"的心理 / 070

以短缺心理作为推销突破口 / 072

用"便宜"做招徕客户的噱头 / 074

抓住省钱心理促成交 / 076

投其所好,满足客户虚荣心 / 077

站在客户的立场说话 / 080

打开客户的情感阀门 / 081

温言软语融化客户的心 / 084

第5章 话中藏诱饵——绝对成交的诱导话术

对客户进行巧妙的语言诱导 / 089

向客户发送暗示的信号 / 091

设法让客户点头说"是" / 092

让客户自己说服自己 / 094

把好处说够,把痛苦说透 / 095

话中带"刺",刺激客户签单 / 096

将客户的兴趣转化为购买欲望 / 098

三言两语唤起客户的好奇 / 100

第6章 问出大买卖——绝对成交的提问话术

成交就要会提问 / 105

问出客户的真实意图 / 106

问对问题赚大钱 / 107

想好了再去问客户 / 109

销售提问要有技术含量 / 111

促成交易的10大提问法 / 114

提出问题,让客户解答 / 118

反问一句,夺回成交主动权 / 121

销售提问须"注意" / 123

第7章 美言胜蜜糖——绝对成交的赞美话术

赞美对了,成交到了 / 127

赞美是个神奇的魔法 / 128

给客户戴一顶"高帽" / 130

赞美是挽回客户的良方 / 132

以第三者的口吻赞美客户 / 134

恰到好处地赞美客户 / 135

有分寸有技巧地赞美客户 / 137

成交中屡试不爽的赞美话术 / 139

第8章 编个好故事——绝对成交的讲故事话术

学会讲故事,销售更简单 / 145

用故事做销售的"催泪弹" / 146

用故事敲开客户的心 / 149

为客户编个浪漫的故事 / 150

讲故事中要借助比喻来推销 / 151

用故事来渲染枯燥的谈话 / 153

讲好销售故事的七大诀窍 / 154

第9章　说话带双耳——绝对成交的倾听术

倾听推开销售之门 / 159

听得越多，越容易成交 / 160

把"独角戏"变成"二人转" / 162

让客户多说，自己多听 / 164

扮演好听众的角色 / 166

耐心地去听客户倾诉 / 167

此时无声胜有声 / 169

销售倾听有法可循 / 171

用心倾听客户的每句话 / 174

第10章　妙语拆异议——绝对成交的化解异议话术

预防是异议的挡箭牌 / 179

语气平和地处理客户的异议 / 180

否定异议要给客户面子 / 183

用间接反驳代替直接反驳 / 184

把反对问题转化成一个问题 / 186

利用周围事物化解客户的异议 / 187

用产品长处来弥补产品短处 / 188

将计就计,以拒绝挡拒绝 / 189

"是的,但是……" / 191

对无关紧要的异议不置可否 / 193

第 11 章 成交每一单——绝对成交的完胜话术

收回承诺,吃定反悔的客户 / 197

故意冷淡,吊足客户的胃口 / 199

避重就轻,成交四两拨千斤 / 200

先假设成交,再设法成交 / 203

不怕不成交,只怕多比较 / 204

以二择一,把成交权交给客户 / 206

强调来之不易,加大成交筹码 / 208

陈述利弊,让客户自己作决定 / 210

第1章

话术一到卖三俏——绝对成交第一课

有意识培养与客户交流的魅力,有助于扫清推销过程中的路障。

——原一平(日)

让别人喜欢你、信任你、对你感兴趣,你在销售中就可以达到顶尖的成就。

——汤姆·霍普金斯(美)

声声感染客户的心

作为销售人员,声音是否具有较强的感染力,会直接对自己在客户心目中的形象产生影响。不同的人,音质各不相同,那么销售人员在声音上要注意哪些问题呢?

1. 吐词要清晰

清晰地表达能够让客户听清楚你说的是什么,这对销售人员来说是一项最基本的要求。作为销售人员,发音一定要标准,吐字一定要清晰。语言表达是否清晰,普通话的流利和标准与否,都会直接影响销售人员声音的感染力。

推销员向客户介绍自己产品的时候要注意克服地方方言的影响。比如北方人说普通话的特点就是儿化音现象很严重,尤其是当说话的语速很快的时候,别人或许根本听不懂;而南方人在说话时往往平舌音与翘舌音不分,前后鼻音不分,很容易让人产生误解。

一个推销员去一家公司推销他们的产品,该公司经理刚好姓史,于是推销员进去先向经理问好:"史(死)经理,您好!我是(四)……"

经理刚准备开始自己一天的工作,一句"死经理"让他惊异地抬起头,一大清早就被人说了一句"死经理",他心里感觉极不舒服,所以经理很不开心地看着这位推销员,但是对方似乎没有觉察到他的不快,依然在不停地"史(死)"经理长,"史(死)"

经理短的,让史经理哭笑不得。

没办法,史经理只得告诉他:"别再喊经理了,你有什么话就说吧!"

推销员于是连忙说:"哦,应该叫您先生,好的,'史(死)'先生……"史经理听到这句话感觉更加不舒服,于是他对推销员说:"您有什么事情,就照直说吧,大清早的,不要乱喊……"

推销员于是告诉他,他是一家保险公司的推销员,是来向史先生推销人寿保险的。一听是推销保险的,史经理怒气冲冲地对他说:"对不起,请你出去,我还有事情要做。"推销员无奈只得退了出去,他始终也想不通为什么经理会突然对他发脾气。

2. 语言要流畅

除了吐词清晰以外销售人员讲话还要注意语言的流畅性。语言是思维的外在表现,一个说话很流畅的人,通常被人认为是个思维敏捷的人,或者可以反过来,正因为他的思维敏捷所以他才能如此流畅。而且,语言流畅也可以很好地增加自己的自信心,同时也能获得别人的好感与信任,让人相信你的能力。

3. 声音要洪亮

销售人员说话尽量语音洪亮,语音洪亮就可以让客户充分被你感染,增加对你个人的信任,并能对你的产品产生一种强烈的兴趣,也能产生一种想听下去的愿望。

客户会从你洪亮的声音里感受到你的热情,以及你对自己工作的激情和你对自己产品的那份热忱。也许有人会说声音的洪亮与否跟个人的客观条件有关,有的人声带厚而宽,自然他的声音显得很洪亮而浑厚;而有的人声带则相反,所以他的声音自然就小而尖。固然，声音与自己的生理条件是密切相关的，但是声音还与自己的发声方式有关。在近代，中国就有身为男性唱女声而成名的"四大名旦"，也有唱男声闻名的越剧女伶；在现代，使用美声唱法的歌唱家通常能和唱出与他平时说话截然不同的声音，因此，声音是可以改变的。销售人员可以适当改变一下自己的发音方法，让自己的声音变得洪亮、浑厚，让对方感受一种听觉美感。

4. 语速要适中

讲话的语速也会影响声音的感染力。如果说话的语速太快，客户可能还没有听明白，销售员就已经说完了，反之，如果销售员说得太慢，而对方又是急性子，那客户也会受不了。因此，最恰当的做法应该是根据客户具体情况，来调节自己的语言节奏，以做到恰到好处地停顿，从而取得良好的谈话效果。

熟练控制说话的语调

语调往往最能反映出一个人说话时的内心世界，也能表现出个人的情感和态度，它的细微差别能够向人们传达很多信息。

通常来说，高昂的语调催人振奋，低沉的语调则会让人情绪低迷。作为销售人员，在与客户接触的过程中，要学会控制语调，尽量做到不说则已，说就要说得活灵活现。

我们在听新闻广播时，发现播音员往往都不带主观意图，不带感情，只是在进行平实客观的述说，这是出于其职业的需要。

但销售人员就不同了，一般来说，饱含感情的说话是至关重要的。在讲话时，如果没有抑扬顿挫或不带感情，听起来就会让人感到无聊乏味。充满感情地去和客户交流，才能收到良好的效果。因为从你的语调中，客户可以看出你是一个充满激情、令人信服、可亲近的人，还是一个呆板保守、具有挑衅性、阿谀奉承的人。此外，你的语调同样也能反映出你对人是否坦率，心里是否能够尊重他人。

无论你谈论什么样的话题，都应保持说话的语调与所谈论内容相互配合。恰当的语调能够及时、准确地向客户传递你所掌握的信息，并能够委婉地劝说客户接受你的某种观点或者倡导客户实施某一行动，并能恰当地表明你对某一话题的态度。

语调的抑扬顿挫，是一流销售人员应该具备的条件。如果你对自己的工作有浓厚的兴趣和情感，当你在做这件工作时就会把热情投注其中，自然你说话的声音就能产生出极富说服力的抑扬顿挫的声调来。

一般来说，在进行推销实践中，销售人员的语调不能太高。同时，讲话时要注意语调的抑扬顿挫，还要注意根据客户的语调变化来不断地对自己的语调进行适当的调整。说话的语调不应是一味平铺直叙的，而要富有节奏。同时口头表达的多样化能够提高客户的兴趣和参与意识。在说"您好"的时候，声音上扬可以表现出你的激情活力，与降调的"您好"效果就大不一样。在表示有疑问的时候，可以稍微提高句尾的声音。同时，在重要的词句上，还要加上重音。

把握好与客户说话的节奏

要增强声音的感染力,一个很重要的影响因素就是说话的节奏。节奏一方面是指讲话的语速,另一方面指销售人员对客户所讲问题的反应速度。在日常生活中,大多数人从来不考虑说话的节奏,事实上,通过改变说话节奏来避免单调乏味对促进推销员与客户的交流是相当重要的。

那些讲话磕磕绊绊没有任何节奏感的销售人员,很少能够打动客户,这样的人,几乎说不出什么值得我们去注意的东西。只有懂得说话的节奏、思路清晰的人,才会有活跃的思维。

掌握好节奏的最高境界是说话自然流利。

那么,如何才能掌握好说话的节奏,并提高说话的流利水平呢?

1. 应熟悉讲话的主题

当我们的思考不发生任何迟疑的情况时,要说的话也自动地到了嘴边。充分的准备可以增加流利程度,因为这能增加自己的自信心,从而更能坚信自己要讲的东西。另外,熟悉主题会使讲话者有更大激情,这种激情会使讲话者的整个身心都投入到其演说的境界之中。这样,流利也就不成问题了。

2. 发音要准确

发音含糊不清是说话犹豫的一种表现。如果讲话者连续几个地方都有迟疑不决的现象,就会使人感到他其实并不知自己在讲什么。因此,如果我们有意识地在流利方面做出一些努力,会收到很好的成效;反之,如果我们在演说的其他方面下工夫,而认为到时候自然会流利起来，那结果将只有失望。

3. 注意讲话的速度

在语言交流中，讲话的快慢将直接影响向客户传递信息的效果。如果销售人员讲话速度太快，尤其是所推销的产品对客户来说又是比较陌生时，那么客户可能还没有听明白你在说什么，你说的话就已经结束了，客户听不太清楚，自然就会失去兴趣，这肯定也会影响推销的效果。

4. 注意对客户的应对速度

对客户讲话的应对速度也很重要。销售人员如果对客户的话语反应太快，特别是在知道客户下面要说什么的情况下打断了客户说话，那就是一种不关心、不尊重客户的表现，往往会被客户误解为没有耐心听自己的谈话。反之，销售人员对客户话语的反应如果太慢，会被客户认为销售人员根本就没有认真地听他说话。

当客户讲述完他的观点之后，有意让你对刚才他的陈述发表看法时，这才是你说话的好时机。此时要注意让自己的话语保持一个适当的速度。回应客户的讲话时，偶尔的停顿无关紧要，但不要在停顿时加上"嗯"或紧张不安地清一下嗓子。

5. 迅速地讲话也能提高流利程度

当你迅速讲话时，你的心理便能更快地发挥功能，就像阅读一样，如果你能集中精力快速阅读，那么，你说话的流利程度就会有所提高，同时也能获得更透彻的理解。掌握好说话的节奏，使说话就像琴弦一样有张力，像小溪一样缓缓流动。

说话中适时运用停顿

说话中的停顿与连接是为表达语句的意义和层次、思想和情感服务的，并不完全受标点符号的制约。没有标点符号的地方，有时需要停顿；有标点符号的地方，有时则要连接。这一点应该牢记，但也不能生搬硬套。

停顿与连接在说话中起着重要的表情达意作用，主要意义在于以下几点：

（1）保证语意清晰明确，不使听者产生误会。

（2）强调重点，加深印象。

（3）并列分合，使内容完整。

（4）造成转折呼应。

（5）体现思考判断，给听众的领悟提供依据和时间。

（6）造成意境，令人回味想象。

在推销中的适时停顿，则可以用来整理自己的思路、观察对方的反应，并能够起到引起对方好奇、促使对方回答、引导对方迅速下决心等作用。适当的停顿不仅能吸引客户的注意力，还可以让客户有机会思考并主动参与到沟通中来，同时使你与客户的沟通更有趣味。

为了更好地发挥停顿的作用，销售人员需要做好以下几点。

1. 准确判断客户的反应

说话时运用停顿是一种需要好好掌握的技巧。有意识地停顿，不仅使讲话层次分明，还能突出重点，吸引听者的注意力。而且适当的停顿能使听者明白你所讲的内容分为几个部分，前后是否照应。只有条理清楚地讲话，才具有说服力。

在推销中，令很多销售人员都十分头疼的一个问题就是如何判断客户是否在听他们讲话。其实，判断客户是否在认真听的最好办法就是运用停顿。

在你对客户讲解了一分钟后，就应稍微停顿一下，停顿的时候，根据客户的反应就可以判断他们有没有在听，如果客户示意你继续说，就能反映出他是在认真地听你说话。

停顿还有另一个好处，就是客户可能有问题要问你，你停顿下来，他才能有机会向你提出问题。

2. 恰当地运用停顿

运用停顿在交谈中是非常重要的，但是在具体运用停顿的过程中，应该注意既不能太长，也不能太短，这就需要销售人员根据具体的情况去进行具体的分析，去揣摩应该在什么时候停顿。

当我们在转换语言，承上启下，或提示重点、总结中心主题的时候，往往都需要适当的停顿，以引起客户的注意。

停顿有时并不仅仅局限于声音，还可以配合一些手势动作来进行。

例如：低头沉思；双手握拳，做激动状；说到关键处，双目凝视；深深地叹息；紧皱眉头，做痛苦状；抬头仰望天等。在运用这些动作时，要注意做得自然、逼真，以免别人认为你很做作，只是为了吸引他们的注意力。

下面可以看一下这位推销员是如何巧妙地利用停顿来丰富自己的谈话内容，进而达到推销目的。

"张总，我相信贵公司的员工到贵公司工作的一部分原因是因为(这时推销员的声音逐渐提高)他们仰慕您的为人。"(说到这里,推销员的音调更高了,达到让全办公室的人都可听到谈话的目的。)

"既然您的全体员工都对您怀有仰慕之情,那么对于您来说,最重要的就莫过于自己的健康问题了。您只有保持身体的健康,才能领导员工去冲锋陷阵。"(推销员慷慨激昂,忠言直谏。)

接着,推销员降低声音:"如果您的身体垮下去的话,怎么能够对得起那些爱戴您的员工呢?您喜欢或讨厌药物,您要不要吃药,那又是次要问题。"

说到这里,推销员又提高了声音:"现在最重要的是,您的健康是否确实毫无问题,您曾经去检查过吗?"推销员一口气说到这里,想到运用"停顿"的妙方,于是突然打住。这时整个办公室鸦雀无声,都在等待对方的回答。

对方显得有点手足无措,隔了一会儿才说:

"我还没有去医院检查过。"

"那么您就应该抓紧了,就让我为您服务吧!我将带着仪器专程来贵公司给您做身体检查。"

对方沉默了一会儿,推销员也在一旁不吭声。

最后,总经理说:"好吧!那就麻烦你了!"

注重与客户谈话的语气

在与人谈话的过程中,同一句话用不同的语气说出来,其效果也会有很大的区别,下面我们举例来说明这一问题。

例:下面句中加粗部分表示强调,请体会其所表达的意思有什么不同。

班长说这个电话是你接的。

班长**说**这个电话是你接的。

班长说**这个**电话是你接的。

班长说这个**电话**是你接的。

班长说这个电话**是**你接的。

班长说这个电话是**你**接的。

班长说这个电话是你**接的**。

从上面的例子可以看出,只是语气上的不同,就可以使同样的话变成各种不同的意思。可见,说话时语气的重要性。

由此可知,在销售人员与客户进行沟通时,说话时的语气非常关键。销售人员要注意讲话的语气,要成为一个会说话的人,充分把握交谈的主动权,促使销售洽谈得以顺利进行。

1. 不卑不亢

销售员的说话语气要做到不卑不亢,不要让客户感觉到你是在哀求他,那种唯唯诺诺的语气只会传达一种消极的信息给客户,同时也不利于建立自身的专业形象。另外,也不要让客户感觉到你有盛气凌人的架势,这样说话会给客户留下极为不好的印象,即将做成的交易也很可能因此而泡汤。

2. 言语要委婉

不同的措辞会给人以不同的信息,即使我们想表达同一种意思,积极的言辞与消极的言辞所传递的效果也是不同的。

"我想了解一下你们公司今年打印机的使用情况。"这句话中,哪一个词用得不太好?是"了解"。"了解"是谁在获益?当然是询问方了。而如果我们将这个词换成"咨询"或者"请教"的话,那么给客户的感觉就会好很多。

如果在你的推销用语中,讲究言语的委婉,善于运用"我"来代替"你",尤其是在提出请求和表示反对的时候,那么就会在很大程度上帮助你推销工作的顺利进行。

例如:

直接说法:您的名字叫什么?

委婉说法:请问,我可以知道您的名字吗?

直接说法:您必须……

委婉说法:我们要为您那样做,这是我们需要的。

直接说法:您错了,不是那样的!

委婉说法:对不起,我没说清楚,但我想它运转的方式有些不同。

直接说法:如果您需要我的帮助,您必须……

委婉说法:我愿意帮助您,但首先我需要……

直接说法:您做得不正确……

委婉说法:我得到了不同的结果。让我们一起来看看到底是怎么回事。

直接说法:听着,那没有坏,所有系统都是那样工作的。

委婉说法:那表明系统是正常工作的。让我们一起来看看到底哪儿存在问题。

直接说法:注意,您必须今天做完!

委婉说法：如果您今天能完成，我会非常感激。

直接说法：当然您会收到，但您必须把名字和地址给我。

委婉说法：当然我会立即发送给您一个，我能知道您的名字和地址吗？

直接说法：您没有弄明白，这次听好了。

委婉说法：也许我说得不够清楚，请允许我再解释一遍。

总之，在与客户沟通的过程中，销售人员要时刻注意自己的语气。最好是，不要用那种推销色彩太浓的语气与客户交谈，而应该以一种朋友的语气和态度与客户进行沟通。

培养一流的销售语言礼仪

销售人员在与客户沟通时，一定要注意自己的语言礼仪。礼仪是一个人的学识、知识与教养的综合外在表现，一个不讲礼仪的销售人员很难得到客户的尊重和好感，得不到客户的尊重与好感，也就很难使客户对你的产品产生兴趣。

语言是向客户有效传递信息的重要媒介，如果销售人员能准确掌握语言礼仪，那么在向客户推销时就能营造出愉快的交谈氛围，从而促使推销顺利进行。

销售人员要具备一流的语言礼仪，应从以下几个方面加以注意。

1. 态度诚恳，语言亲切

说话本身就是用来传递思想，表达感情的。因此，说话的神态、表情至关重要。例如：当自己有求于人时，应诚恳有礼貌地陈述自己的请求，表示感谢之情。即使对方无法帮助自己，也不能表露出不愉快的神情，仍应诚恳地向对方表示感谢之情。如果在请求别人时，嘴上说得十分动听，得不到满足脸上就冷若冰霜，对方一定把你当做不懂礼貌的人。另外，与人说话时，语言多用敬语，比如，可称对方"您""先生"等，而对自己则多用谦语。

2. 举止端庄，措辞讲究

在与人说话时，不要故作姿态，更不要"皮笑肉不笑"，给人虚伪的印象。要让对方感到自己热情、实在、值得信任。因此，说话时的动作要适度、端庄，在必要时可做些手势。如果坐着说话，手不要搭在邻座的椅背上，腿不要乱跷、乱晃、随便抖动。更不要一边说话一边修指甲、剔牙齿、挖耳搔痒等。

3. 自信谨慎，先思后言

自信能增强说话的语气，使对方感觉到来自你内心的力量。每当说话之前，应对自己所要说的话稍作思考。这里所说的思考，有两层含义：一是知己知彼，即一方面对自己的性格、脾气、心境有个正确的估计，设置自我"警戒线"；同时对对方的个性、爱好等有个大概的了解。二是对说话本身有个准备，即说话的内容、方式、声调等。

4. 区分对象，因人而异

任何交际，都不能离开特定的对象。与人说话，必须根据对象的实际情况，如年龄、身份、地位、文化教养、性格、彼此间的关系等，恰当地表达。正如俗话所说："射箭要看靶子，弹琴要看对象。"如果说话不看对象，就难免事与愿违。

具体地说，对不同的对象说不同的话，要考虑以下几个方面。

根据性别的差异——对男性，可以采取较强有力的语言；对女性，则应当温和一些。

根据年龄的差异——对年轻人，可以采用煽动性的语言，调动他们的激情；对中年人，应该讲明利害得失，以供他们斟酌；对老年人，应以商量的口吻，尽量表示尊重的态度。

根据性格的差异——若对方性格直爽，便可以单刀直入；若对方性格迟缓，则要委婉含蓄一些；若对方生性多疑，切忌处处表白，应该不动声色，据理力争。

根据兴趣爱好的差异——对一个球迷，只要你一提起关于球的事，他都会眉飞色舞，兴致勃勃，并且对你产生好感；对一个对球赛根本不感兴趣的人大谈球赛，则会导致对方产生厌烦情绪。

5. 虚心文明，礼貌礼节

第一，使用日常生活中的见面语、感情语、致歉语、告别语。

第二，养成对人用敬语、对己用谦语的习惯。一般称呼对方用"您""同志"，对长者用"大爷""大妈""先生"，不要用"喂""老家伙""老太婆""老头"等。对少年儿童用"小朋友""小同学"，不要用"小家伙""小东西"等。

第三，多用商量语气和祈求语气，少用命令语气的语词句或无主句。如"您请坐""希望您一定来""请打开窗户好吗""请×××同学回答""请让开一些"。这样语词句，显得文雅、谦逊，让人乐于接受。

第四，说话要考虑语言环境。即不同场合、不同情况、谈话人的不同身份、谈不同的事情，需要用不同的语词、语调和语气。因为同一个语词用不同的语调和语气在不同的场合、情况下会产生不同的效果。

牢记上述的技巧，以自信的态度，在实践中不断练习，才能真正提高你的商品推销技巧。

有一种话术叫肢体语言

在使用口头语言和客户进行沟通的同时，销售人员还应该配合一定的肢体语言来对客户进行恰当的暗示，实施动作暗示的主要工具和外在表现，就是肢体语言。

肢体语言，就是用体态动作把自己的想法表露出来，从而达到暗示的效果。一个眼神，一个手势，都可以称为肢体语言。有时候，一个暗示性的肢体语言比口头上的语言更能影响人的心灵深处。如果销售人员在说服中配合以引导性的动作，或是给被客户传达一定的暗示动作，就能够很好地影响客户的意识和行为。

肢体语言在隐秘说服中起着非常重要的作用。一方面，你可以通过肢体语言来传达口头语言很难传达的信息；另一方面，客户会通过你的肢体语言，很直接地来感知你的情绪、信心和可靠度，并由此决定是否该信任你、喜欢你，然后决定是否购买你的产品。

相对口头语言来说，肢体语言更加简单有效。因为它的直观性，能够更有效地吸引客户的眼球，获得客户的注意，并加深他们对你的好感。

很多销售人员都知道肢体语言的重要性，但却不懂得去学习这种技巧。因为他们认为，这种技巧很难掌握。其实，肢体语言并不难学习，至少比盲人的手语要容易得多。

简单来说，肢体语言可以分成四大部分。

1. 眼睛

眼睛是心灵的窗户，反映着人的喜怒哀乐，它能向客户传达很多信息。优秀的销售人员都希望与客户保持目光接触。特别是当客户犹豫不决时，目光接触越多越好。

有的销售人员在面对客户时，不敢看对方的眼睛，就是看着对方眼神也是飘移的。这让老练的客户一眼就能看出你的不自信，就是因为看到了你的弱点，才会不停地讲条件，本可以马上签下的订单，却迟迟没有结果。正确的肢体语言，应该面带微笑，眼睛炯炯地、柔和地看着对方的眼睛，不卑不亢，让对方感觉到你的自信和平和，感到你的诚实和勇气。

2. 身体位置

销售人员与客户的角度与距离，都要表现出热情和尊重。

刚开始，销售人员可能需要站着和客户交流。可有的人站着不断地摇晃肩膀，不断地倒换双脚，这些动作很不礼貌，也会让客户感到你不耐烦，想尽快结束谈话。正确的做法是，像军人似的稍息的动作，一脚稍微在前，一脚靠后支撑重心。一定要稳重，不要摇头晃脑。

当坐下来谈业务时，要做到后背坐直，身体前倾，这样才能充分展现出你的热情、职业素养和对客户的重视。

3. 面部表情

微笑是用来创造良好形象的最有效的肢体语言。因此，在与客户交流时，脸上一定要始终洋溢着微笑，千万不要流露出不耐烦。否则，很容易得罪客户。

4. 手势

我们每一个人在谈话的过程中都会有不同的手势，只是有的手势是有助于我们表达的，有的会令人讨厌。比如，张开手掌这个手势会给客户诚实的感觉，可以提高你的可信度，增加你的交际能力。在谈业务时，最好不要出现用手指点对方的手势，这样会让对方非常反感，也不要讲话时挥舞拳头，这些手势都是不礼貌的。

第2章

开口拿订单——绝对成交的开场话术

当客户愿意与你沟通的时候，就相当于成功了一半。

——原一平（日）

重新设计自己的推销语言和行动，有无新颖的话语和行动经常决定了订单是否能落入你的腰包。

——乔·吉拉德（美）

一开场就吸引客户

销售专家通过深入的调查与研究发现，在销售接触中，客户在刚开始的30秒钟内所获得的刺激信号，一般都会比以后10分钟里所获得的要深刻得多。但是在很多情况下，销售人员对自己的第一句话往往处理得不够理想，大都是一些起不到什么作用的废话。比如人们总是习惯性地使用一些与推销无关的开场白："很抱歉，打搅您了，我……""哟，几日不见，您又发福啦！""您早呀，大清早到哪儿去呀？""您不想买些什么回去吗？"

试想一下，如果在聆听第一句话时，客户集中注意力而获得的却是一些与销售主体无关的信息刺激，那么与客户面谈的开局就有可能遭遇挫折，下面将要展开的实质性推销活动也必然会困难重重。

所以，不管推销何种产品，会见客户时的第一句话至关重要。当销售人员开口说第一句的时候，也正是客户精力最集中、被你全部吸引住的时候。因为根据第一句话，很多客户基本上就可以决定是否还要谈下去。

销售人员的第一句话是问候语，这是打开话题，博得客户好感的一种最容易、最直接的方法。所以一定要注意这种问候的恰如其分，第一句问候语如果过于热情或者过于亲昵的话，往往就会适得其反。问候的话语要因时、因地、因人不同。对于每一位新的客户，销售人员在与其见面的短暂瞬间，要通过准确地观察判断，来选择最恰当的问候方式。美国推销专家汤姆·霍普金斯曾说："你要学会用至少三种方式来迎接客户。"这也道出了问候之中细微差别的重要性。

要想开始即抓住客户的注意力，一个最简单的办法就是去掉那些空泛的言辞和一些多余的寒暄。而且在表述时必须生动有力，语句简练，声调略高，语速适中。讲话时要目视对方双眼，面带微笑，表现出自信而谦逊、热情而自然的态度，切不可拖泥带水、支支吾吾、唯唯诺诺。

成功的销售人员认为，一开场就使客户了解自己的利益所在是吸引对方注意力的一个有效开场思路。

比如，"您知道一年只花几块钱就可以有效防止火灾、水灾和失窃吗？"保险公司推销员开口便问客户，对方一时无言以对，便会表现出很想得知详情的样子，于是销售人员又赶紧补上一句："你有兴趣参加我们公司的保险吗？我这有20多个险种可供选择。"又如，某叉车厂销售人员问搬运公司管理人员："您希望缩短货物的搬运时间，并为公司增加20%的利润吗？"对方一听，马上就会对上门访问的销售人员表现出极大的热情。

在上述两例中，如果销售人员直截了当地问对方，是否需要参加保险，是否想购买叉车，而不是以问话的形式来揭示参保、买叉车给他们带来的好处，那么其效果显然就会差一些。

所以，在开场白中，销售人员开门见山地告诉客户，自己可以使客户获得哪些具体利益。这样的开场白肯定能够让客户放下手头工作，去耐心倾听销售人员的详细介绍。

寒暄式的开场白

那些优秀的推销员们深信,在与客户打交道时,开场白是影响整个推销活动的一个至关重要的因素。通常情况下,开场白最好应该从寒暄开始。寒暄的方法有如下几种:

1. 问候式

推销员与客户打交道,碰面的第一礼节就是问候,然后再进入实质性问题的探讨。

例如:

"您就是曲经理吧?您好,您好!"

"听口音,您是东北人吧?"

"哦!您也喜欢养鸟?"

通过恰当的询问,了解客户的身份、性格、籍贯和爱好等,心理学上叫"语言握手",是探察对方的外围战。

掌握了这些,就形成了判断标准,进一步说话就好进行了。比如是东北人,可谈谈东北的风土人情;喜欢养鸟,可谈谈养鸟之道。富有经验的推销员能从对方的衣着、墙上的字画甚至玻璃板下压的东西判断出对方的身份、知识水平、性格爱好等,提出巧妙的问候,通过问候进一步证实自己的判断,使谈话步步深入。

2. 描述式

推销员与客户打交道,适时用一下描述式寒暄法来作为开场白不失为明智之举。同时也可以使客户尽快作出购买决策。

例如:

"您可真够忙的!"

"一家人都在这儿,真热闹!"

像这样用友好的语言描述对方正在进行的工作,也是一种寒暄的方式。

3. 言他式

推销员可以与客户聊一些无关紧要的问题,其实,推销员完全可以用这种漫无边际又不让人厌恶的话题接近客户,寻找订单。

例如:

"今天天气不错!"

"街上的人真多!"

与客户见面时,谈论彼此都有兴趣的事,也是一种寒暄的方式。

4. 称赞式

推销员与客户打交道时,适时称赞客户是必要的,也是推销员成功推销的一种方式。

例如:

"啊,真是气派,大家庭就是不一样!"

"屋子收拾得这么漂亮!夫人一定很会持家。"

推销员真诚地称赞客户,可以取得客户的信任,创造良好的交流环境,为成功推销创造条件。

坦承来意的开场白

在面对一些客户时,有时候向对方坦白自己的来意与目的,比遮遮掩掩地开口效果会更好。你必须首先让客户知道他需要什么，使他觉得如果这项交易不能达成，那么对于他来说将会是一大损失。

1. 直接表明你的目的

如果你是一个药品推销员，一进药店的大门，就可以大胆地向对方表明自己的来意："您好，我是××制药公司的×××。我今天来是要跟贵店洽谈代销药品的事情……我真心地希望能跟贵店合作，希望贵店……"

在这个开场白中，如果你没有这一番直接道明来意的介绍，没有很清楚地向药店店员说明此次前来的目的，没有表明自己的合作诚意。药店店员则很可能将你当成一名普通的消费者，为你提供推荐药品、介绍功效等服务。而最后你突然说："我不是来买药的，我是××厂的推销员……"那么药店店员就可能会有一种强烈的被欺骗的感觉，马上就会对你的药品推销产生反感情绪。这时，你要再想展开推销工作肯定就困难了。

以下是一些可借鉴的成功例子。

"下午好，林先生，我是大东公司的小静。我今天特意打电话给您的原因是我们刚刚成功结束与哈雷公司的一次重要合作项目。我希望下个礼拜能到您那里拜访，告诉您我们与哈雷公司合作的成功经验。您看什么时候方便？"

"上午好，汪先生，我是卓越公司的小林，我今天特意来拜访您，是为了告诉您我们如何提高您的工作效率。我深信，同哈雷公司一样，您也会对这个产品感兴趣。"

2. 坦诚表达你的善意

在推销保险业务时，有时候会不可避免地要谈到死亡、疾病、灾害等话题。推销员在谈到死亡时，不妨直接说"在你过世时"，而不要说"如果你意外离世而去""当你不幸被上帝选中"或"当灾难意外地发生在你身上"等。因为，在这种情况下，客户会比较容易接受坦诚的说法，并且明白你来的目的，不仅是为了推销保险，同时也是为了使他获得保障，帮他避免未来的生活因不幸事故而陷入困境。例如："陈经理，你好，我是××保险公司的×××，我今天给您打电话是跟您商谈一下关于意外保险的事……生活中总会有意外发生，而我们这份保险将会给您提供完善的保障……"

拉家常式的开场白

如果销售人员在接触客户说开场白时，能和客户谈些家常，就能很好地增进彼此的亲切感，从而为下一步推销工作打下良好的基础。

"您就是郝经理吧？您好，听口音，您是山东的吧？"

"哦！您也喜欢养花啊？"

所以，如果发现客户和你是老乡的话，就可以用方言来进行交谈说说家乡的风土人情；喜欢养花的，可以谈谈种花之道。这样与客户有共同话题，聊起来也能增进感情，拉近距离，推销也是水到渠成的了。

下面就看一下这位推销员将这些不同的开场白方式运用起来的效果。

赵经理:"丁先生,你好!你这么忙还要打扰你,真是不好意思。这是我的名片,请多指教。"

丁先生:"哦!赵经理呀,你好!"

赵经理:"不知道丁先生平常都有哪些休闲活动?"(谈论客户的一些兴趣爱好)

丁先生:"我每星期有两个晚上去上软件设计的课程,星期日有时会带小孩去公园或动物园。"

赵经理:"真不简单,很佩服你,工作这么忙,还能坚持学习。你有几个兄弟姐妹?"(拉起家常,进行寒暄)

丁先生:"有一个哥哥、一个姐姐、一个妹妹,我是老三。"

赵经理:"他们都在哪里高就?"

丁先生:"姐姐自己开一间化妆品店,哥哥在银行工作,妹妹是一家私人企业的职员。"

赵经理:"都挺不错的嘛!"

丁经理:"哪里!"

赵经理:"你们平常经常联系吗?"

丁先生:"不太经常。只有在假期时大家才会一起出去玩,或吃吃饭,聊一聊。"

赵经理:"你平常如何做理财的计划呢?"

丁先生:"没有啦!一个月才几千元的收入,能做什么理财计划?"

赵经理:"那你买保险了吗?"

丁先生:"有啊!"

赵经理:"一年大概交多少保费?"

丁先生:"大概1000多元吧!"

赵经理:"当初买保险是出于什么目的呢?"

丁先生:"因为现在大多是小家庭嘛!万一我有个三长两短,太太孩子怎么办?总要为他们想一想吧!"

赵经理:"你真是一个负责任的好父亲呀!"

丁先生:"哪里哪里!"

赵经理:"如果现在有一个项目,能够将你的所学和你的业务专才结合在一起,也就是说,管理和推销一起运用,让你表现得更出色,而且待遇是你目前的两倍,你愿不愿意尝试一下呢?"(切入正题"保险")

丁先生:"当然愿意啦,那是什么工作呢?"

赵经理:"就是保险行销事业呀!"

丁先生:"但是,做保险我不会啊!而且我想我大概也不适合。"

赵经理:"其实大多数人一开始都像你一样,觉得自己不适合做保险,我刚开始时也是这样的。不过,许多东西都是可以学来的,就好像你也不是天生就会电脑一样。我也不敢说你适不适合。刚好我们公司这个星期有一个讲座,你可以过来感受一下。"

丁先生:"那好。"

该推销员就是在一开始就谈了客户感兴趣的话题,接着赞美了客户,活跃了谈话的气氛,最后又说了一些普通的家常话,像询问客户的家庭成员,在哪工作等几方面的寒暄都是为了拉近彼此的距离,增进感情,最后成功说动客户加入推销的行列。

援引第三方切入开场白

在初次拜访客户的时候，如果直接冒昧地去接近，其效果往往不会太好。如果你能在客户面前提一提你们都认识的人，说明这次拜访是通过熟人介绍来的，或者提一下客户的朋友、亲戚或是某个公众名人，就可以相对容易地接近客户。因为客户在一般的情况下都会给你面子，借助第三方的面子，可以有效消除客户的戒备。

1. 利用客户熟悉的人

有一个销售人员在销售他的电话系统时，这样对客户说：

"先生，您好，我叫小林，我是电话系统公司的员工。我受深圳公司王经理的委托，特意打电话给您，因为我今天给您介绍的东西是件了不起的东西，它可以为您带来极大的方便……"

某图书公司发行员对客户说："主任，您认识教育局教育科科长老李吗？他刚从我这里买去600本书，我想你们物资局跟他们那里的情况差不多，也迫切需要有关市场经营与企业管理方面的图书，您说是吗？"

2. 利用客户同行业的知名公司

向客户提一下自己以前的一些比较有名的客户，不仅可以借助这些知名公司的名望，还可以证实自己公司的实力同样是不容小觑的。

例如："您好！张总。我是张蒙，是××公司的培训顾问。我们是国内唯一一家专做银行业务代表培训的专业公司。我们最近为××银行做了为期三周的业务人员电话技巧培训……"

3. 利用客户尊崇的名人

小孙是一位经验丰富的推销员,他总是随身带着有很多客户亲笔签名的名单。在拜访客户的时候,他经常会把名单放在客户面前。

"我很为我们的客户感到骄傲,"他说,"您知道××公司的董事长吗?"

"哦,知道,他很出名!"

"他是我们的客户,这上面有他的名字。那您肯定也听说过×××吧,他可是影、视、歌三栖的大明星!我还知道您是他的忠实影迷呢,他也是我们的客户,瞧,这上面也有他的亲笔签名。"

他兴致勃勃地谈论着这些名字,然后说:"他们都是受益于我们产品的客户……"他又读了更多的有威望的人的名字之后,说:"我想您应该相信他们的判断力,我希望您的名字能同他们的名字写在一起。"

利用这些名人的公众效应,让客户认为"连这些名人都用他们公司的产品,那产品就肯定不错了……"。

不过,推销员在运用这个方法的时候一定要注意掌握好客户的喜好,如果说的名人刚好是客户所不喜欢的,那么就很难达到预期的效果,甚至会适得其反。

借助权威完成开场白

利用一些较为权威头衔的开场白，往往可以帮助你避免老套，别出心裁，并使客户对你产生信服感。

1. 借助权威机构

例如：

"小姐，我是××大学研究院的王皓，我打电话的目的是想和您分享一个对您非常有帮助的信息。"

这个例子借助了权威的机构作为自己的开场白，达到开场就吸引、说服客户的目的。

2. 借助公司威望

"您好！我是大东方销售培训公司的陈志良。我不知道您以前有没有接触过大东方公司，但您肯定知道大东方销售培训公司是国内唯一专注于销售人员业绩成长的服务公司。我打电话给您，主要是考虑到您作为销售公司的负责人，肯定也会十分关注那些可以使销售人员业绩提高的方法。所以，我想与您通过电话简单交流一下（停顿）。您现在接电话方便吗？我想请教您几个问题（停顿），您现在的销售培训是如何进行的呢？"

在这个例子中，推销员通过介绍自己是某著名公司的职员，借助公司的名声和威信来跟客户交谈，首先在客户面前建立了一种威信，便于推销成功。

3. 借助权威专家

"陈部长，您好。我是××公司的销售代表。我们公司即将在国际展览中心举办一个新产品巡回展，我们所有的产品都有展示,而且我们请来了电子商务方面的专家×××,他对互联网的数据中心很有研究,您一定会感兴趣。"

在这个开场白里,推销员向客户提到了行业领域的权威专家,来增加活动的专业性和正规性,从而让客户接受自己。

4. 借助自己的身份

"上午好,先生。我是丁毅,是××公司的营销副总裁,不知道您对我们是否了解,我们是一家营销培训公司,在上海和广州都有分公司,我们为××公司等多家知名公司提供过多种服务。"

在这段开场白中,该推销员首先介绍了自己的职位是"公司的营销副总裁"来增加自己的权威性,从而让客户信服,接受自己的培训服务。

开场白要有创意

要想有效地吸引客户的注意力,在面对面的推销访问中,说好第一句话是十分重要的。开场白的好坏,几乎可以决定一次推销访问的成败。换言之,好的开场白就是推销成功的一半。大部分客户在听销售人员第一句话的时候要比听后面的话认真得多,听完第一句话,很多客户就自觉或不自觉地决定了是尽快打发销售人员走还是准备继续谈下去。因此,销售人员要说好开场白,才能迅速抓住客户的注意力,并保证推销访问顺利进行下去。

开场白是销售人员与客户见面时,前2分钟要说的话,而如果进行电话推销,则是前30秒要说的话。这可以说是客户对销售人员第一印象的再次定格,因为与客户见面时,客户对你的第一印象取决于衣着与销售人员的言行举止,而第二印象就是这短短的开场白。开场白做好了,给客户留的好印象会更深刻,因为开场白的语言是一个人内在的反映。

虽然经常讲不能用第一印象去评判一个人,但我们的客户却经常用第一印象来评价销售人员,这个印象的好坏决定了客户愿不愿意给你机会继续谈下去。

在这里值得一提的是,如果是销售人员主动征得客户同意会面的,开场白非常重要;而如果是客户主动约见你,客户的开场白就决定了你的开场。

开场白一般来讲,包括以下几个部分:

(1)感谢客户接见你并寒暄、赞美。

(2)自我介绍或问候。

(3)介绍来访的目的,这时要突出客户获得的价值,从而吸引对方。

(4)转向探测需求,让客户开口讲话。向客户提问题是引导客户的关键。

通过有吸引力的开场白赢得了客户的注意,也就向成功销售迈进了一大步。

销售人员应当针对不同客户的具体情况、身份、性格特征及条件,有针对性、有技巧、有礼貌地进行颇富创意的开场白。

在开场白的把握上,应当注意以下几个重点:

(1)提前准备好相关的题材及一些幽默有趣的话题。

（2）注意避免一些敏感性、易产生争辩的话题，例如宗教信仰的不同，政治立场、看法的差异。要避免那些缺乏风度的话，不要去窥探客户的隐私，不说有损自己品德的话及夸大吹牛的话。

（3）得理要饶人，有理也要心平气和地说服客户。

（4）一定要多称赞客户及与其有关的一切事物。比如，你可以以询问的方式开始："您知道目前最热门、最新型的畅销商品是什么吗？"以肯定客户的地位及社会的贡献开始。

（5）以名言、格言、谚言或有名的广告词作为开场白。

（6）以谦称和请教的方式开始。

（7）可以开源节流为话题，可以告诉客户若购买本项产品将节省15%的成本，可赚取10%的利润，并告诉他："我是专程来告诉您如何赚钱及节省成本的方法的。"

（8）可以用与某一单位合办市场调查的方式为开始。

（9）可以用他人介绍而前来拜访的方式开始。

（10）可以举名人、有影响力的人的实际购买例子及使用后效果很好的例子为开始。

（11）运用赠品、小礼物、纪念品、招待券等方式开始。

（12）以动之以情、诱之以利的生动展示方式开始。

（13）以提供新构想、新商品知识的方式开始。

（14）以具震撼力的话语，吸引客户有兴趣继续听下去，比如"这部机器一年内可让您多赚500万元"这样的话语开始。

总之一句话，万事开头难，做销售人员更是如此。但是，一个销售人员不能因此而放弃努力，应该做好充分的准备，设计一个有创意的开场白。

正反比照修炼开场白

销售的开场白话术就像一本书的书名或报纸的大标题,如果使用得当的话,可以立刻使客户产生好奇心并想一探究竟。反之,则会使客户不再想继续听下去。

下面是一些销售人员错误的开场白,我们将此一一列下来,你可以比照自己是否也犯有这些错误。

案例一:负责人:"喂,你好,我是陈林。"

销售人员:"您好,我是胜华机械的殷大军。我们公司已经有20年的历史,我们是专门销售印刷业专用的机械设备,不知道您是否曾经听说我们公司?"

问题点:

电话销售员没有说明为何打电话过来,以及对准客户有何好处。

准客户根本不在意你们公司成立多久,或是否曾经听过你的公司。

案例二:负责人:"喂,你好,我是陈林。"

销售人员:"您好,我是胜华机械的殷大军,我们是专门销售印刷业专用的机械设备,请问你们公司现在使用哪一类型的电脑设备?"

问题点:

电话销售员没有说明为何打电话过来,以及对准客户有何好处。

在还没有提到对准客户有何好处前就开始提问题,容易让人产生防范的心理。

案例三：负责人："喂，你好，我是陈林。"

销售人员："您好，我是胜华机械的殷大军，几天前我曾寄过一些资料给您，不知道您收到没有？"

问题点：

电话销售员没有说明为何打电话过来，以及对准客户有何好处。

平常大家都很忙，即使收到资料也不见得会看，而且让他们容易用"没收到"来敷衍。

案例四：负责人："喂，你好，我是陈林。"

销售人员："您好，我是胜华机械的殷大军，我们的专长是提供适合贵公司的印刷机械设备，不知道您现在是否有空，我想花一点时间和您讨论？"

问题点：

直接提到商品本身，但没有说出对准客户有何好处。

不要问客户是否有空，直接要时间。

在初次打电话给准客户时，必须要在15秒内做公司及自我介绍，引起准客户的兴趣，让准客户愿意继续谈下去。要让准客户放下手边的工作，并愿意和你谈话，电话销售人员要清楚地让客户知道下列3件事：

（1）你是谁及你代表哪个公司；（2）你打电话给准客户的目的是什么；（3）你公司的商品或服务对准客户有什么好处。

正确范例

负责人："喂，你好，我是陈林。"

销售人员:"您好,我是胜华机械的殷大军,我们公司的专长是提供印刷业专用的机械设备,我们已经替许多印刷厂商省下了许多印刷成本,我是来告诉贵公司节省印刷时间和成本的方法。为了能进一步了解我们是否能替贵公司节省印刷时间及成本,我想请教一下你们目前使用的是哪一种印刷设备?"

注意技巧:

提及自己公司的名称专长;

说明为何打电话过来;

告知对方可能得到的好处;

询问相关问题,使准客户参与。

好的开场白是成交的一半

推销员 A 如约来到客户办公室。开场:"陈总,您好!看您这么忙还抽出宝贵的时间来接待我,真是非常感谢啊!"(感谢客户)

"陈总,办公室装修得虽然简洁却很有品位,您应该是个做事很干练的人!"(赞美客户)

"这是我的名片,请您多多指教!"(第一次见面,以交换名片自我介绍)

"陈总以前接触过我们公司吗?"(停顿片刻,让客户回想或回答,给客户留时间)

"我们公司是国内最大的为客户提供个性化办公方案服务的

公司。我们了解到现在的企业不仅关注提升市场占有率和利润空间，同时也关注如何节省管理成本。考虑到您作为企业的负责人，肯定很关注如何最合理配置您的办公设备，节省成本。所以，今天来与您简单交流一下，看有没有我们公司能协助的。"（介绍此次来的目的，突出客户的利益）

"贵公司目前正在使用哪个品牌的办公设备？"（问题结束，让客户开口）

陈总面带微笑非常详细地和该推销员谈起来。

从这个例子可以看出，销售开场白要达到的目标就是吸引对方的注意力，引起客户的兴趣，使客户乐于与我们继续交谈下去。该案例的主人公，就通过很好的开场白吸引了客户，有了个漂亮的开门红，向促成销售迈进了一步。

那么，如何才能通过短短几句话成功吸引客户的注意力呢？有以下几种常用的技巧。

1. 提及客户现在可能最关心的问题

例如："听您的朋友提起，您现在最头疼的是废品率很高，通过调整了生产流水线，这个问题还没有从根本上改善……"

2. 提起他的竞争对手

例如："我们刚刚和××公司有过合作，他们认为……"

客户听到竞争对手，就会把注意力集中到你要讲的内容上。

3. 引起他对某件事情的共鸣（原则上是客户也认同这一观点）

例如："很多人认为面对面拜访客户是一种最有效的销售方式，不知道您是怎么看的……"

这种方法的要点在于在拜访前了解客户的工作。

4. 用数据来引起客户的兴趣和注意力

例如:"通过增加这个设备,可以使您的企业提升 50% 的生产效率……"

"我知道贵企业现在的废品率比较高,如果有一种方法使企业的废品率降低一半的话,您是否有兴趣了解?"

5. 有时效的话语

例如:"我觉得这个活动能给您节省很多话费,但这次优惠活动截止到 12 月 31 日,所以应该让您知道……"

这种时间的限制会让客户产生紧迫感。

上面这几种方法表达可交叉使用,重要的是要根据当时的实际情况作出合适的选择。当然,我们在与客户交谈的时候,一定要以积极开朗的语气对客户表达与问候。

我们经常会发现,与客户会面时,刚开始的气氛很好,可过了一会儿,就不知道该和客户谈什么了,或者是整个过程只是销售人员一个人在发表演说。一定要记住,为了使客户开口讲话,一定要以问题结束你的开场白。否则,会使拜访陷入暂时的僵局。

第3章

引爆大卖点——绝对成交的演示话术

没有商品这样的东西。客户真正购买的不是商品,而是解决问题的办法。

——特德·莱维特(美)

除了能让客户充分享受商品的好处之外,还十分亲切、自信、乐意帮忙,并且细心体贴。他买你的不只是车子而已。

——乔·吉拉德(美)

像专家一样介绍产品

商场里出现了这样一幕：

"小姐，这台冰箱为什么比那一台贵那么多钱？"一位家庭主妇问道。

"因为比另一台要好一些。"售货员小姐答道。

"这个我清楚，可是我想知道的是，究竟好在哪里？它有什么突出的优点，要值那么多的钱？"客户接着问。

"嗯，这个我不清楚，我只是负责卖的。"

可见，对于销售人员来说，仅仅博得客户的好感是不够的，更重要的是赢得客户的信任，使其购买你的商品才是最终目的所在。因此，有关商品的专业知识是销售人员必须掌握的。业务素质应该是销售人员的基础"硬件"。

要想成功地打动客户，销售人员就要将产品的优越性以最吸引人的方式或语句展示给客户，因而销售人员自己应先对所推销的商品有一个正确的、透彻地认识。以拥有百年历史的"雅芳"公司为例，这个业务遍布五大洲120多个国家和地区，营销代表逾200万人，年销售额达几十亿美元的公司，对旗下的销售人员有一条不成文的规定，每个推销"雅芳"产品的人都必须是"雅芳"产品100%的用户。切身体会无疑是销售人员最具说服力的底牌，只有亲身试用，以一个消费者的角度去品评自己的产品，才会获得最可靠的第一手资料，才会对产品真正拥有信心，并把这种信心带到每一次营销中,用这种信心去感召每一位客户。也只有真正了解了产品,才会对客户所提出的与产品本身紧密相关的问题心中有数、应对自如。

如果说,销售95%靠的是热情,那剩下的5%靠的就是产品知识。销售人员成为产品专家的意义何在呢?答案是,销售人员必须能够回答客户提出的任何问题,毫不迟疑并准确地说出产品的特点,熟练地向客户展示产品。只有具备了专业的、丰富的产品知识,才能信心十足,才能有足够的热情,成为销售专家。现在,许多顶尖销售人员最引以为傲的,不是自己的销售业绩,而是他们在其产品或服务方面的渊博知识无人能及。

因此,销售人员在进行推销之前,一定要对产品的以下基本特征有充分了解。

1. 产品的名称

有些产品的名称本身就具有特殊的含义。这些名称就包含了产品的基本特征,有可能也包含了产品的特殊性能等,所以销售人员必须充分了解这些内容。

2. 产品的技术含量

指的是产品所采用的技术特征。一个产品的技术含量的多少,销售人员应该心知肚明。在销售时,要扬长避短,引导消费者认识产品。

3. 产品的物理特性

包括产品的规格、型号、材料、质地、美感、颜色和包装等。

4. 产品的效用

销售人员应该知道产品能够为客户带来什么样的利益,这是应该重点研究的地方。因为消费者之所以选择购买某种产品，正是因为该产品能够给消费者带去他所需要的效用。因此，销售人员应该注意以下几点：

（1）品牌价值：随着现在人们的品牌意识的提高，对于很多领域内的产品，消费者比过去更加注重产品的品牌知名度。

（2）性价比：这是理智的消费者会着重考虑的因素，在购买某些价格相对比较高的产品时，这种考虑会更多。

（3）特殊卖点：指的是产品具有的新功能、其他产品所无法提供的功能等。

（4）服务：现在人们越来越关注产品的售后服务，但是，产品的服务指的不仅仅是售后服务，还包含销售前的服务和销售中的服务。

卖产品不如卖效果

销售人员推销的是产品，但是你应该明白的是，有时候卖产品不如卖效果。

比如别墅、名车、高尔夫会员资格等产品，它们往往是地位与身份的象征，所以，你就应该在这个"地位与身份"上大做文章；汽车、音响、录像机、旅行、空调设备，是人们为追求舒适和欢乐所要求的，所以，对这类产品，你就要不遗余力地向客户强调它们的使用效果及卖点所在；对于微波炉、复印机、全自动洗衣机、电脑等商品，你应该在功能和经济性上给对方"利诱"；

而对于钢琴、大型音响设备、昂贵的化妆品、珠宝等，可以称之为"奢侈品"，你便应该抓住客户的虚荣心大加渲染。抓住你的产品会产生的效果，有侧重地加以说明，便会恰到好处地吸引住你的客户。

国外一个著名的推销员曾说过："如果你想勾起对方吃牛排的欲望，将牛排放在他面前，固然有效。但最令人无法抗拒的是煎牛排的'吱吱'声，他会想到牛排正躺在黑色的铁板上，吱吱作响，浑身冒油，香味四溢，不由得咽下口水。"正是这种"吱吱"的响声使人产生了联想，刺激了人的欲望。

为了使客户产生购买的欲望，仅让客户看商品或进行演示还是不够的，同时还必须对他们加以适当的劝诱，使他们的头脑中呈现出一幅美景——该商品的良好使用效果。

有一位推销空调的高手，他从来不滔滔不绝地向客户介绍空调机的优点如何如何，因为他明白，人并非完全因为东西好才想得到它，而是由于先有相应的需求，才会感到东西好。如果没有需求的话，东西再好，他也不会买。

所以，他在推销产品时并不说"这样闷热的天气，如果没有冷气，实在令人难受"之类的刻板的套话，而是把那些有希望购买的潜在客户，想象成刚从炎热的阳光下回到一间没有空调的屋子里，然后再诚恳地对他说："您在炎热的阳光下挥汗如雨地工作后回家来了。当您一打开房门，迎接您的是一间更加闷热的'蒸笼'。您刚刚抹掉脸上的汗水，可是额头上立即又渗出了新的汗珠。您打开窗子，但一点风也没有。您打开电扇，吹来的却是热风，使本来就疲劳的您更加烦闷。可是，您想过没有，假如您一进家门，迎面吹来的是阵阵凉风，那将会是一种多么惬意的享受啊！"

那些优秀的销售人员都明白，在进行关于商品说明的时候，不能仅以商品的各种物理性能为限，因为这样做，还难以使客户动心。要使客户产生购买的念头，还必须在此基础上为客户勾画出一幅梦幻般的图景，这样才能大幅度地提升商品的迷人魅力。

介绍产品时要突出卖点

销售人员在向客户介绍产品时首先要弄清楚，哪些是产品的基本性能特征，哪些又是产品的卖点。一般来讲，产品的性能特征就是指产品的具体事实，如产品的功能特点和具体构成，而产品的益处指的是产品对客户的价值，也就是该产品的卖点所在。在介绍产品时，要把产品的特征转化为产品的益处，如果不能针对客户的具体需求说出产品的相关利益，客户就不会对产品产生深刻的印象，更不会被说服购买。如果针对客户的需求强化产品的益处，客户就会对这种特征产生深刻的印象，从而被说服购买。

1. 掌握有效说明产品卖点的方式

一般来讲，无论销售人员以何种方式向客户介绍或展示购买产品的好处，通常会围绕以下几个方面展开。

（1）省钱。

（2）方便。

（3）安全。

（4）关怀。

（5）成就感。

针对这些方面，销售人员要根据不同的客户采用下面不同的说明方法。

（1）"产品先进的技术会给你带来巨大的效益。"

（2）"方便的使用方法会给你节约大量的时间。"

（3）"这种产品可以更多地体现你对家人的关心和爱护。"

（4）"产品时尚的外观设计可以体现出你的超凡品位。"

当然，销售人员应该注意的是，说明产品的卖点时，必须针对客户的实际需求展开。如果提出的产品卖点并不符合客户的需要，那么这种产品的性价比再高，也不会引起客户的购买兴趣。

2. 突出产品的优势与卖点

当客户说出愿意购买的产品条件时，销售人员要将自己的产品特征和客户的理想产品进行对比，明确哪些产品特征是符合客户期望的，客户的哪些要求难以实现。在进行一番客观的对比后，销售人员就能有针对性地对客户进行推销。

（1）突出产品的卖点与优势。销售人员要强化产品的卖点与优势，对客户发动攻势。如："您提出的产品质量和售后服务要求，我公司都可以满足您，一方面，我公司的产品的特点在于……另一方面，我公司为客户提供了各种各样的服务项目，如……"在强化产品优势时，销售人员必须保证自己的产品介绍是实事求是的，并且要表现出沉稳、自信和真诚的态度。

（2）弱化那些无法实现的需求。无论销售人员多么努力地向客户表明产品的各项优势，可聪明的客户还是会发现，推销的产品在某些方面达不到理想要求,这是不可避免的。如果你的产品达不到客户的要求,可以运用以下两个方法来弱化客户的异议:其一,只提差价。这种方法适用于很多产品的推销。如:"只要多付1000元,您就可以享受到纯粹的夏威夷风情。"其二,进行贴近生活的比较。这要求销售人员对自己的产品要有较深的理解,并且这种理解符合大多数人的生活习惯。如:"您只要每周少抽一包烟,购买这个产品的钱就出来了。"

示范是最好的介绍

推销人员利用语言抽象地介绍了商品的某种特性,可以说商品的特性宣传形成了客户兴趣的基础。要继续保持客户的注意力,强化客户兴趣的产生。推销员就应进一步证实这些具体特性确实存在,且能被客户相信并采纳。证实的方法通常是示范,推销员通过示范让客户亲眼看到产品的特性,就更容易使客户产生兴趣,进而使客户产生购买的冲动。一次成功的示范,比说一大堆话更能打动客户,促成交易的达成。

那么,怎样采取主动示范形式去促使客户对推销产品产生兴趣呢?

1. 表演示范法

在推销对象面前,为了增加示范的表现能力和感染能力,推销员应该学会一定的表演技巧。表演示范的主要方法是做动作,有时连色彩、音响、气味等都可以作为表演示范的辅助手段。比如,销售洗涤剂的推销员,可先往自己穿的衣服上倒上墨汁,然后当场敷上洗涤剂冲洗干净,他边做边讲,就会引起人们浓厚的兴趣,使人不得不相信洗涤剂的去污性能。一个起重机推销员,为了向客户说明他的起重机操作简便省力,可以让一个小学生(在保证绝对安全的情况下)在众多的客户面前现场操作他的起重机。

有时,推销员用一点戏剧化的手法进行示范,可以大大增强表演示范的效果。在做表演示范之前,推销员应该经过精心设计,仔细研究表演示范的程序安排与艺术处理,千万不可草率行事,否则画虎不成反类犬,欲速则不达。

首先,推销表演应该给人新鲜感,不要重复老一套。

比如,为了证明汽车轮胎的结实程度,推销员可一改往常用铁锤敲打车胎的表演方法,而是使劲在车胎上面敲铁钉。更有甚者,有的推销员还举枪向车胎射击,然后再让客户检查结果。

应该指出,在追求表演新鲜感时推销员不要故弄玄虚、画蛇添足,否则会招致客户的反感。

比如一位卖吸尘器的推销员在上门访问时,为了证实产品的良好性能,就顺手抓了一把沙土撒在人家的地毯上,然后自顾自地做吸尘表演,随后他问主顾:"感兴趣吗?瞧这种吸尘器多棒!"对方却一脸恼怒地答道:"没兴趣,因为不会有人把沙土撒在自家的地毯上。"推销员弄巧成拙,只好怏怏退出。

其次,表演时应该注意言行动作的优美性,切不可片面追求轰动效应而出言不逊,动作粗鲁。

最后,表演要有计划,就像导演的电影剧本一样,示范中应反映出推销员精心安排的情节和具体表演的进展程序。有时,推销员在表演中加进一些戏剧性的内容,也能够更好地增强示范表演的艺术效果。

2. 写画示范法

这是一种独特的示范方法。推销员有时可能无法携带实物样品,不能作实物演示和操作讲解,但只要推销员掌握了产品的资料、数据、图片、模型,就可能用纸和笔把所推销的商品介绍给客户。

推销员运用纸和笔以及图表画册来宣传产品的形式很多。

比如商场推销电视机,为了激发客户对电视机的兴趣,推销员总喜欢列举许多数据来说明种种问题,这时如果推销员用纸和笔把一些数据写下来(如:"21英寸,显像管寿命12 000小时","已出产此型电视机30万台,占本地市场35%"),当面交给客户,这样就会有明显强化客户购买兴趣的效果。

在推销场合,值得注意的是:写画示范的目的在于证明你在推销访问之初向客户介绍产品的特性,借以引起客户对产品的兴趣。因此,只要写画出你想说明的东西就够了。关于这一点,推销员在介绍客户不太熟悉、结构又比较复杂的产品时必须注意。

无论推销哪种产品,都可以作写画示范。对于客户来说,产品越新型、越精密复杂,就越有必要把你的推销介绍具体化。推销员可以在客户面前利用一些图案、表画来加强自己的表达能力和说服能力。

对某些一时无法在现场展示的商品,如房屋、车船铺位、宾馆房间,推销员可用纸笔画出简单的示意图就能更好地说明问题。

房屋的式样和内部构造示意图、车船铺位示意图、宾馆房间的层次与方位朝向示意图，要比推销员口头描述显得更准确、更生动形象，往往在客户心目中留下栩栩如生的感观印象。

比如，推销员要说明产品的使用寿命比别的同类厂家产品长两倍，就可以画两个长方形，其中一个比另外一个高出两倍。推销人员只要充分发挥自己的聪明才智和丰富的想象力，加上图案就可以更鲜明生动地说明所推销的产品，从而引发对方的购买意愿。

在示范过程中，通过特定的动作和场景，推销人员运用各种各样的方法向客户展示某件商品的特性或某项服务的优点，对方的兴趣便会油然而生。

产品示范力求印象深刻

有时为了使你的产品更具有吸引力，做示范时可采用一些特别的方式，能令人印象深刻，过目难忘。

下面就是一些较好的产品示范示例。

一个油污清洗剂销售员所采用的示范方法是用他销售的清洗剂把一块脏布洗净，借以说明他的产品效果好。后来，他改变了示范方法，他把穿在身上的衬衣袖子弄脏，然后用他的油污清洗剂洗净。这样做示范的效果同以前就大不一样了。

一家胶水生产企业的销售员，让客户在一页纸的一端上涂抹胶水，然后把带胶水的一端贴在一本厚厚的电话号码簿上，用这页纸把号码簿提起来。他以这种方法向客户示范胶水的黏合力。

在向客户介绍、推广一种新的速干墨水的时候，销售员让客户把自己的姓名写在一张纸上，然后马上用手在纸上揩擦，证明字迹牢固。

一个强化玻璃销售员身边总是带着一把大榔头。在向客户做示范时，他用榔头猛力敲打玻璃。

为了显示帆布结实耐用，销售员总是把一把剪刀和一块帆布样品递给客户，让他们亲身体验把帆布剪成碎块是如何困难。

一个起重机生产商，为了向客户说明他的起重机操作简单，曾让一个小学生操作他的机器。

一家跨国公司的销售员，为了向客户证明他们公司生产的电子计算机的按键富有弹性，灵敏度强，他用一根香烟触摸按键。

因此，要想使客户接受你的商品，销售员在对商品进行示范时，要特别注意商品要给客户留下深刻的印象。即使客户暂时没有购买需要，这次的销售可能没有成功。但是，当客户对此类产品产生需求的时候，那么，他首先就会记起你曾经向他介绍过的产品，这样，你的产品与其他同类产品相比，在客户心里就占据了优先选择的位置。

用权威的数字说话

向客户介绍产品时，用数字说话，既显得专业细致，又体现准确权威，更能给人以最基本的信任感。

销售人员:"您好,请问,王经理在吗?"

王经理:"我就是,您是哪位?"

销售人员:"我是××公司打印机客户服务部的××,我这里有您的资料记录,你们公司去年购买了我们公司打印机,对吗?"

王经理:"哦,对呀!"

销售人员:"保修期已经过了7个月,不知道现在打印机使用的情况如何?"

王经理:"好像你们来维修过一次,后来就没有问题了。"

销售人员:"我给您打电话的目的是,这个型号的机器已经不再生产了,以后的配件也比较昂贵,提醒您在使用时要尽量按照操作规程,您在使用时阅读过使用手册吗?"

王经理:"没有呀,不会这样复杂吧?还要阅读使用手册?"

销售人员:"其实,还是有必要的,实在不阅读也是可以的,但机器的寿命就会降低。"

王经理:"我们也没有指望用一辈子,不过,最近业务还是比较多,如果坏了怎么办呢?"

销售人员:"没有关系,我们还是会上门维修的,虽然收取一定的费用,但比购买一台全新的还是便宜的。"

王经理:"对了,现在再买一台全新的打印机什么价格?"

销售人员:"要看您要什么型号的,现在使用的型号是3800,后续的升级的产品是5800,不过也要看一个月的打印量。"

王经理:"最近的量开始大起来了,有的时候超过10 000张了。"

销售人员："要是这样，我还真要建议您考虑 5800 了，5800 的建议使用量是一个月 A4 正常纸张 15 000 张，而 3800 的建议月使用纸张是 10 000 张，如果超过正常使用量会严重影响打印机的寿命。"

王经理："你能否给我留一个电话号码，年底我可能考虑再买一台，也许就是后续产品。"

销售人员："我的电话号码是 8520×××转 123。我查看一下，对了，你是老客户，年底还有一些特殊的照顾，不知道你何时可以确定要购买，也许我可以将一些优惠的政策给你保留一下。"

王经理："什么照顾？"

销售人员："5800 型号的，渠道销售价格是 10 100 元，如果作为 3800 的使用者购买的话，可以按照 8 折来处理，或者赠送您一些需要的外设，主要看您的具体需要。这样吧，您考虑一下，然后再联系我。"

王经理："等一下，这样我要计算一下，我在另外一个地方的办公室添加一台打印机会方便营销部的人，这样吧，基本上就确定了，是你送货还是我们来取？"

销售人员："都可以，如果您不方便，还是我们送过去吧，以前也去过，方便找。看送到哪里，什么时间好？"

……

后面的对话就是具体落实交货的地点、时间等事宜了，这个销售人员只是打了一个电话，用了大约 30 分钟，就完成了一台打印机的销售。在这段对话中，销售人员在介绍打印机时，没有离开过数字,从非常专业的角度为客户介绍打印机,并提示公司的优惠政策,因此成功是非常自然的事。

多强调商品的好处

内容和中心意思都一样,但由于所用的语言不同,产生的效果就可能大不相同。销售员要把商品的好处引申,并做详细、生动的描述,让客户觉得亲切,易于接受。

通常情况下,销售员如果只是反复强调商品的一种优点,未必能发挥太大的作用。因为不管什么商品,它的价值只有在使用之后才能得以证明,所以使用前的说明,其说服力往往不会太大,而真正高明的做法应当是主动向客户说明购买某种商品会带来的各种好处。对这些好处详细、生动、准确地描述,才是引导客户购买商品的关键。

比如说:"这种传真机目前的速度已经达到12秒了。"这样的性能说明很难让人感受到有什么直接的效果。若换一种说法:"使用这种传真机,每传送一张,在市内可以节省×元的费用,在市外则可以节省×元。"这样说来,使人一听就知道:"噢,原来有这样的作用。"

一般来说,说明购买某一商品会带来的益处时,应该围绕客户的需要,并站在他的立场来考虑:"如果是我,为什么要买这个东西呢?"朝着这个方向去思考,才能深入了解到客户所要达到的目标,也就能抓住所要说明的要点。

一位客户走进一家电器行,她想买台冰箱,但拿不定主意该买哪种。于是她向店员询问:"我该买大一点的,还是小一点的好呢?"这时,过来一位很有经验的销售员,告诉她说:"这台大的比较好一些,夏天您不仅可以为每一个家人准备好冷毛巾,甚至还可以将您先生的家居服装放到里面,使他度过一个凉爽的夏天。相信您和您的家人都会为此感到高兴。"于是,那位客户点头做出决定:"是啊,那我就买这一台了。"体会一下这位销售员的说法,是不是你也会觉得不太容易拒绝呢?

通过上面的例子,可以看出:成功的销售员总是善于运用易于被客户接受的说法,让客户看到产品的好处,引起客户的购买欲望,从而使自己的商品销售出去。

充分调动客户的想象力

通用电气公司几年来一直想推销教室黑板的照明设备给一所小学。可联系了无数次,说了无数的好话均无结果。这时一位推销员想出了一个主意,使问题迎刃而解。他拿了根细钢棍出现在教室黑板前,两手各持钢棍的端部,说:"先生们,你们看我用力弯这根钢棍,但我不用力它就又直了。但如果我用的力超过了这根钢棍最大能承受的力,它就会断。同样,孩子们的眼睛就像这弯曲的钢棍,如果超过了孩子们所能承受的最大限度,视力就会受到无法恢复的损坏,那将是花多少钱也无法弥补的。"

没过多久,通用电气公司终于如愿以偿了。

在向客户介绍你的产品时，充分调动客户的想象力是非常重要的。如果能让客户自己来计算数字那就更好了，因为这样做让他们的印象更深，理解也更透彻。

一个牙医做得更绝，他把患者的 X 光片放在墙上，使患者一坐下就可以看到自己牙齿损坏的情况。然后，牙医就会说："不要等牙坏到不能用的程度才来看病。"

在销售的过程中，出示一定的实物，再说一些能够调动客户想象力的专业语言，就能够令客户在事实的基础上，发挥自己的想象力，从而产生认同商品的看法。

人的想象力是惊人的，对于同一个事物，不同的人会得出不同的看法。因此，这就要求销售人员能够用自己的专业语言为客户的想象力铺平道路，并限制或发展客户的想象空间，这就像制造一个固定的空间，固定的路径，引导客户朝着自己设定的方向想象。从而达到销售的目的。

香港一家专营胶粘剂的商店，为了让一种新型"强力万能胶水"广为人知，店主用胶水把一枚面额千元的金币粘在墙壁上，并宣称："谁能把金币掰下来，金币就归谁所有。"一时，该店门庭若市，登场一试者不乏其人。然而，许多人费了九牛二虎之力，仍然徒劳而归。有一位自诩"力拔千钧"的气功师专程赶来，结果也空手而归。于是，"强力万能胶水"的良好性能声名远播。

同样的道理，在销售的过程中，充分调动客户的想象力，将会对你销售的成功有很大的促进作用。

一般的轮胎销售人员可能这样平淡地介绍自己的产品："这种轮胎货真价实，持久耐用！"

一个具有想象力的销售人员可能会说出这样一段充满戏剧效果的话："您正带着孩子们以每小时80千米的速度驱车快速行驶，突然感到车下出现一连串的激烈颠簸，迫使您将车驶到路侧。原来您的车撞上了路面的一条钳口般的长裂纹……震得你浑身骨头都快散了架，震得汽车上的螺栓嘎吱乱叫！您不必担心您的轮胎，只要把紧方向盘就会万事大吉，这轮胎可以应付任何道路状况！"

上述两种介绍产品的方式，效果孰好孰坏，不难分辨。

对产品的介绍要客观

销售人员为了推销产品，增加业绩，往往会对产品进行宣传，但任何一种宣传都要诚实，要实话实说，要对消费者负责。不能为了一时的销售业绩，就过度地去介绍产品的优点，甚至去夸大产品的性能和价值。

销售人员向客户介绍产品的过程，是努力促成交易的过程，是需要展示产品特色和优点的过程。只有努力夸奖产品的好处，吸引客户的兴趣，才能保证销售工作顺利进行。但在这个过程中，过分夸大产品的优点，势必让对产品市场比你还了解的一部分客户因此不再信任你；另一部分不知情的客户购买产品后，如果发现产品并没有你所夸耀的好处，就会对你产生抗拒和厌恶的情绪，不会再继续购买你的产品。

那么，销售人员应该如何做到客观地向客户介绍产品呢？

1. 要客观地介绍产品

销售人员在介绍产品的时候,要尽量保持简单明了。这样不但可以突出产品的特性,还让客户容易接受。

"这种无油烟炒锅,炒菜时不但没有油烟,还不会糊锅。"

"这款手机虽然价格便宜,但支持蓝牙、红外和数据线,扩展功能强。"

"这种复印机只要扫描一次,就可以复印很多次,而且每次复印效果同样清晰。"

销售人员应该注意,在介绍产品使用的资料时,要绝对真实可靠,因为它展示的是该产品的主要功能和特性,如果存在虚假信息,必然会产生不利的影响。

2. 介绍产品时要扬长避短

任何一个产品,都存在好的一面以及不足的一面。作为销售人员,应该站在客观的角度,清晰地分析产品的优势,对于产品的缺点,要懂得尽量去回避,而不是去欺瞒客户。

扬长避短是一种口才技巧,其目的主要是为了转移客户的注意力,要大力强调产品的特色和优点,而对于客户没有提到的产品缺点,销售人员就不要画蛇添足地多说,否则就会令自己的产品缺点曝光,阻碍销售工作的顺利进行。

3. 重点介绍产品的优点

客户购买产品,必然是他认为这种产品给他带来的收益和好处超出了付出,一般来讲,客户都希望产品可以提供以下功效:

(1)带来更多的收益。

(2)节省时间和精力。

（3）身份和地位的象征。

（4）满足健康和安全的需求。

（5）时尚的、引人注目的、品位的体现。

因此，销售人员在向客户介绍产品时，仅仅是说明和示范产品的特性是不够的，还要根据客户的实际需要，找出客户最关心的点，然后用产品中可以满足这一需求的优势，向客户重点介绍，这样才能真正打动客户。如果客户一旦觉得你的产品的某些优势正是他所需要的，即使他知道产品存在一些缺陷，还是可以接受的。

因此，当销售人员在对客户进行产品介绍时，要在避免夸大优点的基础上，认真琢磨产品的特性是如何让客户受益的，然后针对不同的客户的关注点，有目的地采用不同的介绍方式。

第4章

说到心坎上——绝对成交的攻心话术

投其所好是百试不爽的客户攻略。培养自己了解客户的爱好或兴趣,这样如果以后有机会接触客户,你就会很清楚地了解对方是否有购买的意愿。

——原一平(日)

感觉听起来抽象,却是征服客户的强心针。

——乔·吉拉德(美)

在从众心理上做文章

"从众"是一种比较普遍的社会心理行为和现象，也就是人们常说的"人云亦云""随大流"。大家都这么认为，我也就这么认为；大家都这么做，我也就跟着这么做。从众心理在消费过程中是十分常见的。因为人们一般都喜欢"凑热闹"，当看到别人成群结队、争先恐后购买某种商品时，也会毫不犹豫地加入其中。

在销售过程中，销售人员也可以运用客户的从众心理，再辅之以凌厉的攻心话术，促使客户下定决心购买产品，从而获得订单。一些成功的销售人员在争取客户的订单时，往往就喜欢利用这种技巧促使客户下决心签单。

一位销售人员在向一家公司推销产品时，看到对方迟迟不肯签单，就说："贵公司旁边的政府大楼使用的就是我们公司的产品。他们最初只是购买了以下部分产品。后来，他们觉得我们公司的产品非常放心可靠，又相继购买了一些产品。到现在，他们与我们公司已经建立了5年的长期合作关系。只要他们有这方面的需要，都会与我们公司联系，我们也会以最快的速度为他们提供最满意的服务。贵公司也可以先购买一小部分产品，如果觉得满意咱们就增加合同分量，您觉得怎么样？"

那家公司的负责人听了这话，想了一会儿就与销售人员签订了单子，从他们公司购进了一小批货。

在购买产品时,许多人都不愿意"第一个吃螃蟹",他们往往在看到别人购买后才会放心购买。对此,销售人员何不利用他们的从众心理,向他们展示"别人已经买了"或"别人已经信任我了"呢?

一名销售人员在向一供货商推销产品时,由于是首次与该代理商合作,代理商对其产品有疑虑,虽然想进货,但是迟迟不愿意与该销售人员签单。此时,销售人员就对代理商说:"您一定知道甲公司一向对供货商要求严格吧,我们公司就是甲公司的供货商。甲公司经过很长一段时间的考察,最终选择了与我们公司进行合作。现在,我们已经与甲公司合作5年了,这次虽然是第一次与贵公司合作,不过我相信我们以后肯定也会保持长期合作的关系。"

结果,代理商与销售人员签订了合同,购进了一批货。

销售人员适时地向客户展示"别人已经买了","别人已经信任了我"是促使陌生的客户信任自己,说服陌生客户购买产品,签订订单的有效技巧。在销售过程中,销售人员使用这种技巧,往往比较容易突破客户的警戒心理,最终说服客户下定决心签单。

利用逆反心理反着说

在推销过程中,很多销售员往往会口若悬河地夸赞自己的产品有多么好,但是现在的消费者都非常理性,很难被这种自我推销说服,有时甚至会产生反感。

但是如果我们反其道而行之，不说产品有多好，而说自己的产品哪里有缺陷，哪里有不尽如意的地方。这样做不但不会吓跑客户，反而会引起客户的好感，因为你是实实在在地在为客户着想。客户就会自然而然地对你产生信任，哪怕真有一些瑕疵，他们都会认为这是正常的，继而从你手里购买商品。

营业员："看您很诚心，我也不想瞒您，这套热水器好是好，但它有一个小缺点，就是在您使用时，若关掉热水阀10分钟以上，主机就会自动熄火。要想打开热水，必须重新点火。"

客户："哦，我明白了，它这是为了节约能源。"

营业员："是啊，您真聪明！它就是一个节能装置，同时也是为了安全考虑，我就是怕您嫌麻烦。"

客户："这个没关系的，一般掌握好时间就可以了，洗澡时也不会关掉那么久的，冻都要冻死了，呵呵！"

营业员："是啊是啊！我刚才已经介绍过了，这台机器其他方面都很不错的，比如出水量大、节能、数控水温等，就是这个小设计，有些客户会想不明白。"

客户："是啊，有些人可能不理解。"

营业员："就是，我这个人喜欢什么事都提前说明，要是等您回去使用后觉得不舒服，再要换啊什么的，大家都不开心，您说对不对？"

客户："是的，你很坦率！"

营业员："谢谢您的夸奖！请问您还有其他问题吗？"

客户："没问题了，你都解释得很清楚了。"

营业员："好的，那您是付现金还是刷卡呢？"

客户:"现金好了。"

在说自己产品的某一项缺点时,千万要记住这个缺点不要是太严重而妨碍正常使用的,比如案例中所谓的"缺陷"其实就是一种省电和安全的设计。千万不要将客户最担心的问题直接暴露给客户,比如客户买燃气热水器最担心的是安全问题,而你直接就说"抱歉,我们产品最大的问题就是不够安全",客户再理解,再认为你是在为他们着想,也断然不会买一台有安全隐患的热水器回家。

满足客户"值得买"的心理

何为物有所值、物超所值呢?就是客户的心理比较优势,客户在购买商品时,心里感觉付出的价款值得。比如,同样的一件衣服,放在自由市场里卖100元,人们嫌贵,放在高档的大商场里卖300元,人们也许认为便宜。因为大商场附加了许多自由市场不可能附加的服务内容,如购物环境、可靠程度、信誉度、服务质量以及心理上的感觉等等,而这些本身就是有价值的。尤其在当今物质满足程度较高的情况下,这些物质以外的满足更重要。所以利不是简单的价格低廉,而是客户在主观上认为物有所值、物超所值;是客户在权衡比较一番后愿意付出的价款。当然,要满足客户对利的需求,使客户感到物有所值、物超所值就要突出产品的功能。

在销售时,应避免直接进入产品,片面强调产品的本身如质量、外观等，因为消费者之所以购买，并不是因为产品质量好，外观漂亮，而是因为他有着某种需求。因此，这时应重点推销核心产品部分，即推销产品的功能，要强调消费者购买你这一产品后所能得到的满足。这样才能引起客户的注意和兴趣，激起他的购买欲望，为最终成交打下基础。

一对年轻夫妇在苏宁重装开业的时候逛商场，促销员远远就看见他们在看美的电磁炉，且是美的的特价品，不知为什么没买。

走到苏泊尔柜台前，那女士说苏泊尔也不错。

促销员马上接话说："对呀，了解一下吧，不用看其他方面，您看一下苏泊尔的赠品就知道了。"

"您看这黄色的铁搪瓷汤锅，没有一个牌子的电磁炉会送给您的。那其他商家做不出来还买不起吗？为什么他们不敢送，因为他们的电磁炉受热不均匀，用不了多久铁搪瓷会掉的；苏泊尔电磁炉就不一样了，传热均匀，可以放心地使用。多用富含铁元素的锅，尤其对女性身体特别好，补血，价格也不贵，399元，还有苏泊尔原装的汤锅、炒锅送，要一个吧！"

男士转头悄悄问女士："那就要这个吧？"

女士微笑默认。

客户只关注电磁炉，说明客户购买目的很明确，不是盲目购买；同时客户关注的是特价品，说明客户是属于追求实用、物超所值、购买力有限的客户。这是客户的理性需求。

这种类型的客户，以追求商品的使用价值为主要目的，特别注重商品的实用功能和质量，讲究经济实惠和经久耐用。

所以，导购员的介绍方向是电磁炉的功能和质量。但在这里存在问题。对于电磁炉这种产品来说，特价产品同质化严重，大部分品牌特价品差异化很小。所以导购员就调整了方向，以赠品的独特性作为切入点，而避开了特价品同质化的问题。

对于客户来说，他们更看重产品的耐用性、实用性，针对这一点，在向客户推销产品时，突出产品的实用价值，就能容易达到推销目的。

以短缺心理作为推销突破口

"物以稀为贵"，越是稀少的东西人们越是想得到，在销售中利用客户这一心理，就能尽快促成客户购买产品。

从心理学的角度看，稀缺因素对商品的价值会起到很大的影响。人们总是害怕失去或得不到，对稀罕物品有着本能的占有欲，反映在消费购物方面，越是稀少的东西，人们就越想买到它。在现实生活中，销售人员可以运用"数量有限"的推销话术，当销售人员告诉客户某种商品供应比较紧张，不能保证一直有货的情况，就会促使客户及早地采取购买行动。

杰克是位很出色的销售人员，他在向客户推销产品时，总是能够巧妙地运用短缺心理来促使客户尽快作出决定。

杰克先后推销过十几种商品，虽然面对的客户有所不同，但是不管推销哪种商品，都能够取得不错的业绩。他总是和客户这样说：

"先生，这种引擎的敞篷车在本地绝不会超过10辆，而且，厂里面已不再生产了，错过了这次机会的话，以后想买，恐怕也买不到了。"

"这种厨具就剩下 2 套了，而另一套您肯定是不会选择的，因为它的颜色是大红色很不适合您，所以我觉得这套厨具非您莫属。"

"您也许应该考虑一下多买一些，最近这种商品很畅销的，工厂已积压了一大堆订单，我不敢跟您保证下次再来的时候还会有货。"

这样的说辞无疑是十分有效的，客户在其影响下，为了使自己不至于因为买不到而后悔，总是会果断地作出选择，先将自己喜欢的商品占为己有，这样才能够安心。

这就是杰克的成功之处。

数量有限的信息确实会对消费者的购买决策产生影响。因此，如果销售人员能够将这种策略合理地应用到销售过程中，则会有效地促进销售。当销售人员发现客户对某种商品很感兴趣的时候，如果能够对其进行巧妙地引导，在说明商品质量可靠、价格实惠的同时，不妨再加上这样一个善意的提醒："这款商品刚刚卖出去一套，这恐怕是我们这里的最后一套了，机不可失，如果错过了，就需要等到下个月再来了。"客户听到这种话，往往会在害怕买不到的心理作用下，迅速地作出决定，先买回家再说，不能让别人抢了先。因为拥有它的机会变少了，而其对客户的重要性就相对提高了。

用"便宜"做招徕客户的噱头

贪图便宜是消费者的本性。销售人群中流传着这样一句话：客户要的不是便宜，而是要感到占了便宜；客户不是要便宜的商品，而是要让他占了便宜的商品。占便宜是一种心理上的感觉，销售员要学会满足客户的这种心理需求，让客户有了占便宜的感觉，客户就容易购买你的产品。

有的销售人员为了让销售额增加，推出一些免费体验服务，或者找出一些免费的东西来作为招徕客户的噱头。

在一次规模宏大的玩具展览会中，C玩具公司不幸被安排在展览会馆最偏僻的地方——8楼，由于地方偏僻，人们不愿意上那么高的地方，C公司的玩具展区一个星期也没几个人来看一眼。C公司的负责人急中生智，第二个星期一的早晨，在展会一进门的地方撒下一些别致的名片，名片的背面写着"持有这张名片可以到8楼C玩具公司领取玩具1个"。仅半天的时间，8楼就被人们围得水泄不通，这种状况一直持续到C公司参展结束，人气也为C公司聚集了不少财气，C公司以给人优惠的方法把营业额提到了最高。

C公司之所以取得了高营业额，原因就在于它抓住了人们想得到优惠的心理，以小恩惠为公司带来了大利益。销售人员很多，但真正懂得抓住客户心理的销售人员并不多，如果想做一个成功的销售人员，你就得学会利用人们的各种购买心理达到销售的目的。

优惠说到底是一种手段，其本质是用小利益换来大客户。当然，在优惠的同时，还要给客户占便宜的感觉。

在销售过程中，应学会将产品的利益用数字具体说明，不要用"节省""便宜""赚钱""降低成本"等概念来介绍产品，要用具体的数字。比如说，告诉产品便宜，究竟便宜多少钱，也需要算笔账。清清楚楚、实实在在的几个数字就足以打动客户。

例如：

"张先生，您算一算，我们第一年、第二年的贷款利率足足低了3%和2.15%。以您现在还有320万元的余额计算，我们第一年就可以帮您省下10万元，第二年还能省6.48万元，两年加起来就已经帮您省了16.48万元。"

"我们净水机的价格是很经济划算的。您算一下，一般的品牌每半年就要换两支滤芯，每次收费5000元，5年就要5万元；而使用我们的机器，你5年才需要1.25万元。所以，我们机器的价格虽然是6000元，但是，这样算一算您还是省了3万多元，不是吗？"

一个销售网络广告的销售人员要客户在网上放广告。客户问他，在网上放广告我能得到什么好处？销售人员就给他算了一笔账：投资1 450元放一个广告，每天至少产生100个以上的访问，以500天计算，每个访客成本不到3分钱。以每30个人中有1个人成交，每天能赚多少钱呢？于是，客户签单了。

"便宜"是客户把同类商品比较后得出的一种自我判断，消费者不仅想占便宜，还希望"独占"，销售人员可以利用客户这种想独占便宜的心理，学会满足客户的这种心理需求，而不是一定要把产品卖出低价。例如："今天刚开张，图个吉利，按进货价卖给你算了!""这是最后一件,按清仓价卖给你!""马上要下班了,一分钱不赚卖给你!"便宜都让一人独占了,这么的便宜,有谁不会心动呢?

抓住省钱心理促成交

几乎所有的人对钱都很感兴趣,省钱和赚钱的方法很容易引起客户的兴趣,作为一名销售人员,帮助客户省钱就是帮助他们赚钱,也只有能为客户省钱、赚钱,自己才能赚到钱。

例如,可以这么对客户说:

"陈厂长,这部机器比您目前的机器速度快,耗电少,更精确,能降低您的生产成本。"

"像您这种小型企业,常常会感觉到会计工作复杂、乏味,且费时甚多。使用本公司的 H 系列产品,可提高您账务处理的效率,直接为您的企业降低成本,创造更高利润。"

"王主任,安装这个企业局域网络,一年内将使贵公司多赚 200 万元。"

"五口之家用高压锅,每天可节省一块半煤,按 0.10 元计算,每年可节省 36.5 元。高压锅按国家规定的标准可用 8 年,这就是说,您家使用高压锅,不仅省时、省事,节省的煤钱将近 300 元,而我们的高压锅才卖 70 元。"

销售高手不向客户销售产品,而是为客户提供可以省钱的方法,为客户节省开销。对于客户来说,他关心的是自己的利益,谁能以优惠的价格为他提供优质的产品和服务，他就与谁成交。

一名销售人员如果单纯为了销售产品，客户认为你的目的是推销你的产品，他们就没有兴趣与你谈下去，因为，客户从心理上排斥你。相反，如果销售人员能够为客户提供可以让他们省钱的建议，那么就会很容易得到客户的信任，双方在沟通时，气氛也就不会那么紧张了。

现在的市场是买方市场，现在的消费者在消费时更多地追求精神上的满足。你为客户考虑得越多，为客户节省的钱越多，或者是降低客户的购物成本，或帮助客户减少购物风险，或缓解客户的心理压力，客户与你成交的机会才会越多，也只有这样你才能立于不败之地。

仅仅从自身的角度出发，一味地想赚客户的钱，是不足以维系合作伙伴关系的。在做销售时，要千方百计地从客户的角度出发，帮助客户分析问题，帮助客户省钱。

投其所好，满足客户虚荣心

江月在一个卖场上班，一天，一个五十岁上下的女客户要求退货，那个女客户保养得相当好，妆也化得很精巧，一看就是养尊处优的女人。当然，也很盛气凌人的样子。

她的衣服是买了几天了，又过来退。理由是衣服不舒服，她不喜欢了。经手的导购小姐不给退，她不依，态度相当不好。于是，导购给江月打了电话。

江月走到客户面前，伸出手说："您好，我叫江月，是这个店的经理。有什么问题交给我，我们坐下来慢慢解决，好吗？"然后，她把客户的肩一揽，就往出口处的小吃城走。回头数落导购道："那么热的天，也不给大姐倒杯茶。扣你这月的奖金！"

江月给客户和自己要了冷饮。她从客户身上穿的品牌说到她的化妆；又说到自己公司所经营的品牌；说到不同品牌的风格及内涵；又说服装的搭配、服装与妆容、服装与环境、服装与气质的协调，又由衷地夸赞客户的品位。客户的虚荣心得到极大的满足，说："还是你有眼光！我的衣服都是在精品店买的。很多我都是穿了一次，就撂那儿不要了，从没在乎那千把块钱。上次，我买一瓶香水，八百多。我老公不喜欢那味道，我给了我一姐妹。"

江月微笑地听着说："就是！适合自己的和自己喜欢的就是最好的。流行的只是给那些没品位的小姑娘准备的。像香水还要能和自己的体味调和。"很自然地，江月随手打开了客户预备要退的衣服袋子，把衣服拿出来后，她惊讶道："这衣服不管颜色还是款式，都挺适合您的啊！和您肤色、气质蛮配的。我们导购也很有眼光的嘛！一般人穿不出这款衣服的味道的。"

"是我自己看上的。"女客户颇感自豪地说。

"我说呢！那么，您为什么又要退呢？"还没等客户说话，江月又补充说："我没别的意思，是想知道问题出在哪儿。因为您买这衣服的时候，肯定是喜欢上这衣服的。对吗？"

客户无奈地说："你看，你这是休闲服，我买回去以后，跟我所有的休闲服都不配。"

"原来是这样！您可以告诉我您的衣橱里有哪些休闲的品牌，好吗？我给您参考参考。"

客户报了一串顶尖大品牌，全部是运动休闲类的。江月笑了，说："您的那些国际大品牌的确和我们的衣服不搭。那是运动休闲的！您若相信我的眼光，我帮您再配一条裤子或者裙子。上街或者出去旅游时，穿我们这品牌，比那些运动品牌更舒服，更出彩！"

半小时后，那个原本要退货的客户，又在江月那儿买了件上衣和两条裤子。开票时，江月说："姐，我帮您在小票上注明吧，你要觉得不合适或者不喜欢，三天内来退！"

女客户边照镜子边说："不用不用！月儿呀，姐很满意！原来，你姐还有这风采！"

江月走过去，给她整理衣领说："服装是死的，可人能赋予它生命！是您气质好，穿出了味道！"

客户有些羞涩地说："姐就是脾气不太好！可能快到更年期了。"

江月很认真地说："客户永远是不会错的！是我们服务不到位。她们太年轻！"

客户给江月留下她的电话后，千恩万谢地走了。一转眼又转了回来，扔给导购和江月一包巧克力糖，对导购说："姑娘，阿姨刚才差点把你惹哭，给包糖，哄哄你！"然后，贴着江月说："你不会真扣她的奖金吧？"

江月笑着说："您不生气了，那就不扣了！"江月扭头对导购们说："还不谢谢阿姨给你们说情。"

这个客户，后来成了江月的 VIP 客户。每次换季，新款上市，江月都会给她打电话说："姐，到新款了！您气质好，有时间来帮我试衣服吧！在您身上穿一遍，我们才知道哪个款适合哪种气质的客户。"很堂皇的理由！可客户经不住诱惑，每个季节至少要在江月那儿买上两套。当然，江月也是给她最低折扣。

心理学家说，任何人都有不输给别人以及受人尊重的欲望。身为销售人员，更没有理由不运用这种人类共有的心态。从月的行为中，我们会看到满足客户虚荣心有多么重要。

每个人都有虚荣心，让人满足虚荣心的最好方法就是让对方产生优越感。销售员如果以适当的话语满足客户的优越感，那么客户的警戒心也自然消失了，双方的好感向前迈进一大步，成交也就近在眼前了。

站在客户的立场说话

在一家电器商店里，一位年轻的售货员陪着一位中年妇女挑选洗衣机，几乎把店内所有的洗衣机都看过了，可是这位客户还是没下定决心购买。

这时，售货员不急不躁地与这位中年妇女拉起了家常，了解到她家有一个瘫痪的婆婆，买洗衣机主要是为了洗被褥，既然如此，为什么这位客户还是"举棋不定"呢？原来，这位客户认为多少年来自己靠手工搓洗也熬过来了，好不容易才积攒了这点钱，一下子花掉，值得吗？对此，售货员一面表示同情，一面在心里琢磨，看来，就洗衣机谈洗衣机已经不能促成这笔交易了。

售货员："大姐，您的小孩上学了吗？"

客户："再过两个月就上学了。"

售货员："那将来您就更忙了。既要做家务，又要辅导孩子学习，孩子初学阶段可要打好基础啊！大姐，我看这洗衣机值得买，既可以使您从繁重的家务中解放出来，又可以有更多时间来指导孩子的学习。"

这番话，终于打动了那位中年妇女，她高高兴兴地把洗衣机买走了。

这个售货员的确很会说话，她能站在客户的立场上考虑，使对方感受到她的同情和体谅，所以这位中年妇女才下定决心购买洗衣机。

站到客户的角度上，设身处地为客户的利益着想，学会跟客户交朋友，理解客户的心声，用客户说话的方式说话。让客户觉得，你不仅是个销售员，还是一位愿意为他分担烦恼、解决问题的知心朋友，进而自觉不自觉地会相信你所说的话，购买你的产品。

打开客户的情感阀门

情感因素是人们接受信息渠道的"阀门"，情感能够叩开人们的心扉，引起对方的注意。销售员要善于运用情感因素来打动客户的心，促进销售的成功。

在一个炎热的午后,有位穿着汗衫,满身汗味的老农夫,伸手推开厚重的汽车展示中心玻璃门,他一进入,迎面立刻走来一位笑容可掬的柜台小姐,很客气地询问老农夫:"大爷,我能为您做什么吗?"

老农夫有点腼腆地说:"不用,只是外面天气热,我刚好路过这里,想进来吹吹冷气,马上就走了。"

小姐听完后亲切地说:"是啊,今天实在很热,气象局说有32℃呢,您一定热坏了,我帮您倒杯水吧。"接着便请老农夫坐在柔软豪华的沙发上休息。

"可是,我们种田人衣服不太干净,怕会弄脏你们的沙发。"

小姐边倒水边笑着说:"有什么关系,沙发就是给客人坐的,否则,公司买它干什么?"

喝完冰凉的茶水,老农夫闲着没事便走向展示中心内的新货车东瞧瞧,西看看。

这时,那位柜台小姐又走了过来:"大爷,这款车很有力哦,要不要我帮你介绍一下?"

"不要!不要!"老农夫连忙说,"你不要误会了,我可没有钱买,种田人也用不到这种车。"

"不买没关系,以后有机会您还是可以帮我们介绍啊。"然后小姐便详细耐心地将货车的性能逐一解说给老农夫听。

听完后,老农夫突然从口袋中拿出一张皱巴巴的白纸,交给这位柜台小姐,并说:"这些是我要订的车型和数量,请你帮我处理一下。"

小姐有点诧异地接过来一看,这位老农夫一次要订8台货车,连忙紧张地说:"大爷,您一下订这么多车,我们经理不在,我必须找他回来和您谈,同时也要安排您先试车……"

老农夫这时语气平和地说:"小姐,你不用找你们经理了,我本来是种田的,由于和人投资了货运生意,需要买一批货车,但我对车子外行,买车简单,最担心的是车子的售后服务及维修,因此我的孩子教我用这个笨方法来试探每一家汽车公司。这几天我走了好几家,每当我穿着同样的旧汗衫,进到汽车销售店,同时表明我没有钱买车时,常常会受到冷落,这让我有点难过……只有你们公司知道我不是你们的客户,还那么热心地接待我,为我服务。对于一个不是你们客户的人尚且如此,更何况是成为你们的客户……"

促成这个结果的关键在于:促销小姐在销售的过程中增添了一个情感体验的环节。而这个情感体验充分满足了老农夫的情感和心理需求,深深打动了老农夫的心。

在现在的市场竞争中,虽然各种促销方法层出不穷,但不得不承认,已经进入情感消费时代的人们越来越注重在购买过程中的情感体验。客户购买产品所看重的已不是商品数量的多少、质量好坏以及价钱的高低,而是为了一种情感上的满足,一种心理上的认同。情感销售从消费者的情感需要出发,激发客户心灵上的共鸣,寓情感于销售之中,让有情的销售赢得无情的竞争。

要让情感销售发挥效用,销售员要做的是带领客户进入情感体验,让客户体会到你的真情。

温言软语融化客户的心

客户常常感到销售员的推销表演就像在对自己展开进攻，因此，他们经常将自己置于一种严密防守的被动状态当中。

客户在心理上的严密防守其实正反映出了他们期望得到关注的需要。销售人员应该明白，在你向客户施展各种销售技巧的时候，你的目标通常很明确，即说服客户购买你的产品。可是对于客户来说，他们此刻的心理却并非如此"单纯"：一方面，他们希望自己的某些需求被关注并最终得到满足；另一方面，出于种种顾虑和猜疑，他们又对销售员的销售活动躲躲闪闪。一名销售高手会理解客户的这一需求，因此他们会力求在每一次客户沟通的过程中都主动给予客户足够的关注。

在一个下雨的午后，一位老妇人走进费城一家百货公司，大多数的柜员都对她不理不睬。但有一位年轻人却过来问她是否需要一些帮助。当她回答说只是在等雨停时，这位年轻人并没有向她推销什么东西。不过这位销售人员也并没有立刻转身离去，而是拿给她一张椅子。

雨停之后，这位老妇人向这位年轻人说了声谢谢，并向他要了一张名片，几个月之后这家店东收到一封信，信中要求派这位年轻人往苏格兰收取装潢一整座城堡的订单！这封信就是这位老妇人写的，而她正是美国钢铁大王卡内基的母亲。

当这位年轻人收拾行李准备去苏格兰时，他已升格为这家百货公司的合伙人了。这个例子是报酬增加律的最佳写照，而报酬增加的原因，就在于他比别人付出了更多的关心和礼貌。

关注客户的需求，让客户觉得自己很重要，才能赢得客户的认同，销售员应该注意以下几点：

（1）客户可能表现得冷漠、逃避，销售员完全可以用自己的热情和关怀缓解客户的对立情绪。

（2）销售员与潜在客户进行第一次沟通的时候，就应该着手建立一种彼此和睦相处的友善关系，并且在今后的各个沟通阶段逐渐加深这种关系。

（3）尊重客户，任何时候都不要伤害他们的自尊心。

（4）如果客户遇到难题时，你应该诚心诚意地帮其分析问题并有效解决问题。只有这样，客户之前对销售员的误解和疑虑才能消除，接下来的沟通自然会顺畅得多。

销售员在与客户沟通的过程中，一定要随身携带"关怀"这个武器，用温言软语化解客户的抵触心理，控制客户的情绪，从而愉快地达成交易！

第 5 章

话中藏诱饵——绝对成交的诱导话术

你唯一要销售的东西是想法,而那些也是所有人真正想买的东西。

——乔·甘道夫(美)

只要销售员在推销产品时觉得他已经引起了客户的购买欲望,就应该尝试着去争取成交,并且数次尝试,锲而不舍,直到缔结合同为止。

——原一平(日)

对客户进行巧妙的语言诱导

在说服过程中运用一定的语言诱导是很重要的。运用语言诱导的时候，必须强调话语的合适性，确保使用的语言能够达到一定的说服效果。如果语言运用不当，有可能会加重被说服者的反感，或带来负面影响。

在说服的过程中，应该正确地使用引导语，以使说服取得理想的效果。同时，语言诱导不可滥用，一定要恰到好处。

1. 要有目的性地进行语言诱导

在进行语言诱导的时候，必须有一个明确的目的，必须让说服过程中所有的语言指向这个目的。例如，你要说服客户购买你的产品进行减肥，在设计以减肥为目的的诱导语言时，必须围绕着减肥进行。你可以暗示客户说："想象一下，使用了这个产品后，你身材越来越好了，你再也不用担心那些热量很高的食物了，你会达到自己想要的体重……"

要想实现特有的诱导效果，必须让设计的说服语言指向一个明确的目的，不可没有目的或是目的不够单一地去进行说服活动。

2. 语气一定要带有诱惑性

同样的语言，在一流的销售人员口中会带给人强大的暗示和指引作用，而让普通人说出来却显得毫无价值。销售人员的目的在于引导客户进入被说服中，并且可以毫无防备地接受销售人员所施加给他的各种语言暗示，因此如何让这些有价值的引导语完全进入人的意识中,就需要一定的专业经验的积累。

如果在说服中依然使用和平常一样的腔调,甚至依然采用命令性的语气,可能会丧失客户的信任和好感。此时销售人员的语气要轻柔且让人感觉到像是一种引导指令,让人们自然而然地接受这些指令。

3. 诱导用词要具有适当性

在诱导进入说服的过程中,要注意运用合适的时间词,要让这些代表时间的词或短语可以引起人们的注意力。如:"在决定拥有这件产品之前,你不想感受一下它的功效吗?"这句话让人将注意力引导到是否要感受产品功效,而且还假设他会试用这件产品。"在你完成这项计划前,我想和你讨论点东西。"这句话假设了你将会完成这项计划。恰当地运用带有假设含义的语言,如:"你打算多快作这个决定?"暗示了你一定会作出决定;"你准备什么时候开始更进一步合作?"暗示了你已经处在合作状态,同时你还要继续合作下去。

对于一些带有否定色彩的词语,在运用的时候也要根据实际情况酌情使用。如"在你没有做好充分准备前,不要轻易购买",其实暗示了你一定会购买。这种恰如其分的暗示,会让客户对你更信任。

说服语言的运用不是简单地把话说出来就完事了,需要有一定的技巧。也许,在我们试图说服客户的时候,说了一大堆的好话都没起作用,而一句一针见血、抓住要害的简单话语则可能收获难以预想的效果,这就在于合适的话语可以带给人们不一般的体验,引起人们心灵上的共鸣。

总之，利用语言诱导对客户进行暗示和说服，必须在实践中融会贯通，灵活运用。只有把握住分寸和尺度，才能达到你想要的效果。

向客户发送暗示的信号

销售人员在开始同客户会面时，就应留意向客户做些对商品的肯定暗示，从而使对方说不出拒绝的理由。例如：

"夫人，您的家里如果用本公司的装饰产品，那肯定会成为小区中最漂亮的房子！"

"本公司的储蓄型保险是您最好的投资机会，5年后开始返还，您获得的红利正好可以支付您儿子的大学生活费！"

在暗示之后，要给客户一些充分的时间，以便这些暗示逐渐渗透到客户的思想里，进入客户的潜意识。

当你认为已经到了探询客户购买意愿的最好时机时，你可以这样说：

"夫人，您刚搬入新建成的高档住宅区，难道不想买些本公司的商品，为您的新居再增添几分现代情趣吗？"。

"为人父母，都要尽可能地让儿女受到最良好的教育，怎么样？您考虑过筹集费用的问题吗？我劝您在本公司投保。"

"您有权花钱买到最佳商品，你可别错过这个机会，买我们的商品吧！"

利用这些方法给客户一些暗示，客户的态度就会变得积极起来，等到进入推销过程中，客户虽对你的暗示仍有印象，但已不认真留意了。当你稍后再试探客户的购买意愿时，他可能会再度想起那个暗示，而且还会认为这是自己思考得来的呢！

客户经过商谈过程中长时间的讨价还价，办理成交又要经过一些琐碎的手续，所有这些，都会使得客户在不知不觉中将你预留给他的暗示，当做自己所独创的想法，而忽略了它是来自于他人的巧妙暗示。因此，客户的情绪受到鼓励，就会更热情地进行商谈，从而避免了那些节外生枝的拒绝与异议的提出，直到达成交易。

设法让客户点头说"是"

就一个人的心理状态来讲，当他说出"不"字时，他心里也潜伏着这个意念，从而使他所有的器官、腺、神经、肌肉，完全集结起来，形成一个"拒绝"的状态。如果反过来说，当一个人回答"是"的时候，体内那些器官，没有收缩动作的产生，组织处于前进、接受、开放的状态。所以，当一次谈话开始的时候，如果能够诱导对方说出更多的"是"，那么你以后的建议或意见，就比较容易获得对方的认同。

因此，要尽量避免涉及让客户说"不"的问题，在谈话之初，就要让他说出"是"。推销时，刚开始说的那几句话是很重要的，请看下面的这个例子：

"有人在家吗？我是汽车公司的。今天，我为了轿车的事情前来拜访……"

"车？对不起，现在手头紧得很，还不到买的时候。"

很显然，对方的答复是"不"。而一旦客户说出"不"后，要使他改为"是"就很困难了。

因此，在拜访客户之前，首先就要准备好让对方说出"是"的话题。例如，对方一出现在门口，你就递上名片，表明自己的身份，同时说："在拜访您之前，我已看过您的车了，这间车库好像刚建没多久嘛……"

只要你说的是事实，对方必然不会否认，而只要对方不否认，自然也就会说"是"了。

就这样，你已顺利得到了对方的第一句"是"。这句话本身，虽然不具有太大意义，但却是左右销售进程的一个关键。

"那您一定知道，有车库比较容易保养车子？"

除非对方存心和你过意不去。否则，他必然会同意你的看法。这么一来，你不就得到第二句"是"了吗？

如果对方真的要拒绝，那不仅仅是口头上的一声"不"，同时，他所有的生理机能（分泌腺、肌肉等）也都会进入拒绝的状态。

然而，一句"是"却会使整个情况为之改观。

所以说，比"如何使对方的拒绝变为接受"更为重要的是，如何不使对方拒绝。

要想成功对客户进行隐秘说服，在刚开始的时候，就要想办法得到很多"是"的反应，唯有如此，他才能将客户的心理往正面的方向引导，从而达成交易。

让客户自己说服自己

在这个世界上,没有人愿意被别人说服。但是,如果让客户自己说服他自己,他一定不会排斥,甚至会很佩服自己的思辨能力。

然而,说服客户已是不易,让客户自己说服自己,岂非更难?

事实上,这并不难做到。具体来说,可以采用以下两种方式。

1. 让客户在了解所有信息的基础上,自己作决定

无论你要说服客户购买什么产品,你都必须先让客户知道有关产品的所有信息,包括产品性能、工作原理、使用方法等。

这样做的好处是:一是取得客户的信任,二是让客户有了参与感。

满足了这两个条件,就可以保证让客户作出购买决定。客户之所以决定成交,就是因为他们相信在销售过程中,这个重要的决定是自己的主张。这时候,你要不失时机地赞扬客户的这项主张。客户在扬扬自得之际,就算你要阻拦他购买,他也会全力维护自己的决定。这就是客户的自我说服。

2. 让客户陷入自我矛盾之中

每个人都有虚荣心和自尊感。假如你能让客户陷于自我矛盾当中,客户就会维护自己的观点,即使这个观点是错误的,他也不好意思更改。

把好处说够,把痛苦说透

在现代销售理念中,有一种销售策略叫"催眠式销售"。它的核心思想就是将好处重复灌输到客户潜意识里。一些客户原本不太注意、不太确定的东西,重复多了,就会深深地刻印在脑海中,甚至被认为是真理。

购买是一个"追求快乐、逃避痛苦"的过程。因而,促成销售的一个很重要的原则就是要"把好处说够,把痛苦说透"。

然而,从心理学的角度来讲,一个好处的产生要让客户感受出来才行,这样才能使客户产生购买的动机。我们仅仅告诉了客户这些好处还不够,必须重复这些好处,1次、2次、3次,这样才能对他的潜意识产生影响,而人们的潜意识力量要比意识力量大3万倍以上。所以说,当你不断地重复灌输时,客户的购买欲望会增大。

原一平每次在推广保险的时候,都会讲一个因没有买保险发生意外或死亡的悲痛故事,他的真情感动得客户流下泪水,这时他便说道:"我真的不希望这样的故事发生在我遇到的每一个人身上,我有责任去帮助他们,我出售的不是保单,我出售的是爱和保障。"

保险推销员陈明一次次地说服客户,每次讲述的理由都大致相同,即你可能遭到意外,倘若买了保险,就没有后顾之忧了。起初,客户并不太认可她的观点,所以一次次地以各种理由拒绝了她。但她并不气馁,在她看来,客户之所以拒绝,是因为痛苦还没有说透。所以,面对客户的拒绝,她通过一次次地重复,将痛苦描述够，一步一步地打垮了客户的心理防线，使得客户的强硬拒绝一点点地变软。

话中带"刺"，刺激客户签单

销售中的激将法，就是销售人员通过一定的语言手段去刺激客户，以此来激发对方的某种情感，并引起对方的情绪波动和心态变化，最终使这种情绪波动和心态变化朝着自己所预期的方向发展。

使用激将法效果如何，取决于销售人员对刺激的"度"的把握，有的"稍许加热"即可，有的则要"火上浇油"；有的只要"点到即止"，有的却要"穷追猛打"；有的可以"藏而不露"，有的则需"痛快淋漓"。

当然，能否取得最佳推销效果，这就要推销员根据不同的情况而定。心理研究表明：有的人好高骛远、貌似强大，有的人好胜心强，有的人优柔寡断，有的干脆，有的忸怩……

所以，如果能够巧妙地利用上述人们的心理特点，有的放矢，是销售成功的一个基本保证。

有一位小姐看中了某商店橱窗内一款新式皮鞋。但她只是站在柜台前反反复复地看，问一些无关紧要的问题。很明显，她很喜欢这款新式皮鞋，但又因为价格太贵而犹豫不决。该商店的售货员捕捉到了她的这种心理，于是上前问道："如果这双鞋的价格不能令您满意的话，您是否愿意再看看别的？"

没想到，听了售货员的话后，这位小姐却表情坚决地买下了这双皮鞋。售货员的问话看似很简单，但其中却藏有很深的奥妙，它激发了这位小姐的好胜心，因此成功地销售出这双皮鞋。

使用这种激将的技巧，来刺激客户的好胜心，一定要因人而异，把握好分寸，否则就会弄巧成拙，甚至会激怒客户。

1. 激发客户的好胜心，但是不能伤害到客户

如果在上例中，售货员对那位犹豫不决的小姐说："要买就买，买不起就别看了，凭你这模样还想买这么高档的皮鞋？"当然这句话也能对客户产生"激"的效应，不过这话会伤害到客户的自尊心，会产生完全相反的效果，不但达不到销售的目的，反而损害商店的形象。

不可否认，我们经常听到一些销售人员用挖苦、贬损的言辞"激"客户，其实这不过是一种原始的"激将法"，它与现代商品销售中的"激将法"有天壤之别。

2. "激"的目的是让客户摆脱犹豫，但绝不是设下陷阱

曾经有位推销员去一家工厂推销打火机，一些工人围着看，其中有位青年工人说这打火机质量很差，并且价格太贵了。没想到这位推销员开始挖苦那位工人说："看你穿这身衣服，恐怕一个两块钱，你都买不起！"这话大大刺伤了那个工人的自尊心，他挥了挥手对其他工友说："你们作证，他卖我两块一个，我全包了！"于是工友们帮他凑齐钱，把那些打火机全部买了下来。

星期天，他们出去逛商店，才知道这种打火机在市场上只要一块钱就能买到。这位青年才知自己上了推销员激将法的当，后悔莫及。

以上例子，推销员虽然运用"激将法"把商品推销出去了，但他的人品也随着这廉价的商品一齐出卖了。其结果肯定是得不偿失，因为他的这种做法没有考虑严重后果，"杀鸡取卵"，把他以后的推销之路全部堵死了。

所以，"激将法"在销售中要有的放矢，在万不得已的情况下，才亮出这一招。精明的生意人是不会轻易用这种招数的，即便使用它，也应考虑到它的后果。

将客户的兴趣转化为购买欲望

欲望是人们满足需要的愿望，是一种积极的、能转化为动机和行为的情感和心理定势。激发客户的购买欲望是指销售员通过销售活动，在激起客户对某产品（或销售员所在的公司）的兴趣后，努力使客户的心理产生不平衡，产生对感兴趣的产品的肯定心理定势与强烈拥有的愿望，从而导致购买行为。

一般客户产生兴趣后，兴趣就会很快转化为购买欲望，这是因为：

第一，产品的功能能满足客户的需要。这是客户产生购买欲望的根本。

第二，销售员能满足客户对购买方式的选择。客户在对产品感兴趣的同时，会对购买方式产生选择的需要，如购买的安全感、方便与否、售后服务是否良好、方便等，销售员在这方面是有优势的，销售员在宣传时如能恰到好处地指出来，客户就会很快产生购买行为。

第三，销售员能满足客户购买的情感需要。购买欲望大多来自情感，而不是理智，或者说在购买行为中，总是情感的选择大于理智的选择。美国有一个推销保险的大师，曾一年推销10亿美元的人寿保险。他认为推销98%是人情，是销售员对人情的理解，2%才是销售员对产品知识的理解。销售员常常创造出许多有感情色彩的销售环境，将有利于客户产生购买欲望。

第四，销售员充分说理，并提供大量信息。这些都可以使客户不断强化与维持购买欲望。情感只是一个心理过程，随着时间的推移，会过去和消失，只有信息与道理才能加深理解，并使已形成的购买欲望向行为转化，而不是相反。

当然，销售员的优势只是向客户提供了转化兴趣为欲望的可能，真正的转化还需要销售员的努力，下面介绍几种方法：

方法一：在客户产生兴趣后要及时检验其对销售员及产品的认识程度，如询问有否有不明白、不理解的地方，有否需进一步示范及说明的地方。如果有，要及时解释、示范与说明。

方法二：了解客户尚有担忧与疑虑后，要进行反复地解释。

方法三：强化情感。如发现客户对销售员、对销售员所在的公司及销售的产品仍有不信任与疑虑之处，则更要继续做好以诚待人、以情感人、以理服人、以利动人的工作，努力改变客户的态度，要始终坚信"精诚所至，金石为开"。

方法四：多方诱导。客户在形成购买行为前总是会多方权衡利弊得失的，如果我们能有针对性地进行多方诱导，让客户意识到拥有产品的多方利益时，客户就会产生强烈的购买欲望。

在诱导时要注意，既不要讲"过去"，也不要谈"现在"，而要大说特说"将来"。只有美好的"将来"才是激起客户购买欲望的主要原因。

三言两语唤起客户的好奇

好奇心，人皆有之，这是人的一种本性。推销员如能够利用好奇心对客户进行说服，使客户对产品留下深刻的印象，那么就能在很大程度上促进交易的成功达成。

一个推销节水喷头的推销员，来到某公司的办公场所。进门后，他微笑着，没有作任何自我介绍，而是直接从包里拿出一样东西，递给一个正吃惊地看着他进来的人，说："请您看一下这个东西。"

对方还不知怎么回事，手里就接到他递过来的东西。"这是什么？"他边询问边翻来覆去地观察那个喷头。与此同时，推销员又拿出了几个喷头，分给在场的其他人，很快便引起了在场人员的一阵议论，他于是抓住时机展开宣传。这样大家的注意力都集中到了他推销的节水喷头上。

上述这个推销员正是成功地利用了人们易对陌生人及物品产生好奇的心理，直接将人们的注意力转移到他的推销上，并抓住人们观察节水喷头的时间去说服人们，当人们了解到他的真正身份和意图之后，可能已经准备购买了。

此外，如果推销员被拒绝后，还可利用人们对"只说一句话"之类的小小请求的宽容和好奇，重新唤起客户的注意，引起其再次思考，这样往往能够起到力挽狂澜的作用。

推销员小文来到某公司业务经理的办公室，准备与经理签订上次与该公司商定好的供货合同，但是对方却突然告诉小文，由于他们公司的资金周转不畅，已经决定要取消那批货了。小文听到这种情况后，急中生智，他诚恳地对客户说："陈经理，我能再讲一句话吗？"听他这么一说，正想离去的经理停下来，等待下文，"您真的要放弃这到手的几十万元吗？"小文这样说道。客户感到一惊，于是推销又有了转机。

因此，推销员在产品销售中，适度地利用好奇来刺激客户，诱导客户顺着你的走，可以让客户尽快地与推销员达成协议、签约。

第6章

问出大买卖——绝对成交的提问话术

市场销售中最重要的字就是"问"。

——博恩·崔西(美)

在试图销售任何商品之前,先问准客户一些问题,以便了解客户的需要及想法。

——乔·甘道夫(美)

成交就要会提问

机械设备厂的小刘经常打破公司的销售纪录。在公司的经验总结大会上，小刘说出了他的销售秘诀：经常对客户进行有针对性地提问，可以让客户在回答问题的过程中对产品心生认同。这名销售人员经常在与客户谈话之初就进行提问，直到销售成功。以下是他的几种典型提问方式。

"您好！听说贵公司打算购进一批机械设备，能否请您说说您心目中理想的产品应该具备哪些特征？"

"我很想知道贵公司在选择合作厂商时主要考虑哪些因素？"

"我们公司非常希望与您这样的客户保持长期合作，不知道您对我们公司以及公司的产品印象如何？"

"如果我们的产品能够达到您要求的所有标准，并且有助于贵公司的生产效率大大提高，您是否有兴趣了解这些产品的具体情况呢？"

"您可能对产品的运输存有疑虑，这个问题您完全不用担心，只要签好订单，一个星期之内，我们一定会送货上门。现在我想知道，您打算什么时候签订单？"

"如果您对这次合作满意的话，一定会在下次有需要时首先考虑我们，对吗？"

从上面的例子中可以看出，小刘的提问是有系统性和针对性的。他先是弄清了客户的需求，为自己介绍公司及产品做好了铺垫，并且引起了客户对公司的兴趣，然后站在客户的立场上再提出问题，对整个洽谈局面进行有效地控制，最终促成交易，并为以后的长期合作奠定基础。可以看出，善于提问也是成就销售好口才的重要因素。

推销的秘诀还在于找到人们心底最强烈的需要。那么，怎样才能找到客户内心深藏不露的强烈需要呢？有一个办法就是不断提问，你问得越多，客户答得就越多；答得越多，暴露的情况就越多。这样，你一步一步地化被动为主动，就可以成功地发现客户的需要。

在与客户进行沟通的过程中，销售人员问的问题越多，获得的有效信息就会越充分，最终销售成功的可能性就越大。

问出客户的真实意图

推销时让客户说话，是一项高明的推销术，因为你可以从对方的谈话中了解客户思考关心的事项。特别是在初次见面对客户的情况一无所知的时候，就更应该让客户畅所欲言，以便从中捕捉到有用的信息。

然而还有些客户由于害羞的关系，不会对一位陌生的推销员大谈特谈。这时，推销员就应该鼓励客户多阐述他们的观点，具体可以用询问的方法来进行，同样也可收到良好的效果。

比如在与客户的沟通中，客户突然沉默不语了，这时就可以问对方:"不知您认为如何?我倒认为它非常适合你家的孩子,但不知他今年几岁了?"这一问,不但能问出小孩的年龄,同时也能看出客户的反应。而客户通常都是这么回答:"已经四岁了,但目前购买还不是很方便。"这句话就足以掌握客户的购买意愿,也能了解其目前的经济状况(当然不见得是真的)。

接下来的商谈,也可以用这种询问的方式,如此便可了解客户的想法与意愿。

以询问的方式来引导客户说话,最大的好处是,能把话题固定在客户最关心的事情上,同时也能满足客户的表达欲。销售人员既然得知客户关心的事项,就应就此话题展开商谈,对成交绝对是有利无弊的。

需要注意的是,销售人员不能总是跟着客户的思路走,而应该由自己掌握主动权。因为,有些客户说起话来往往会天马行空,没有逻辑,很容易把话题扯远,这时,销售人员就有必要把话题拉回来,继续进行和销售工作相关的话题。

问对问题赚大钱

在销售中,只有懂得巧妙地提出问题,才能够把和客户之间的谈话导向自己所希望的那种结果。因为说服的艺术并不在于你来我往地各抒己见,而是隐藏于一问一答的过程之中!提出相应的问题,可以引导你的谈话对象去仔细地思考,然后再说出他的意见与看法。

销售人员不必太在意自己是否得理，所应该秉持与客户共同寻求解决问题的答案的原则。通过提问，我们可以得到很多意想不到的收获。

销售高手刻意设计的问题可以使谈话有转换方向的机会，以便找出客户的兴趣所在（包括他的希望或烦恼等）；用提问题的方式，销售人员可以将客户的注意力引到对自己有利的重要事项上来；通过询问，可以了解到客户的不同意见，并可设法进行消除；通过提问题，可以拉回已失去的谈话动机或主题。

比如，你可以通过以下方式对客户进行询问："……就是说，是否……"（话锋一转，向客户提出一个关键性的问题，以便引导他进一步表示意见或发言）"……你的问题是不是就在这里？"（迫使客户下结论，或者使他重新考虑）

通过询问使自己的想法变成客户的想法，再进一步提出问题，从而使客户转变原来的立场，并同意自己的观点。

销售人员巧妙发问，可以逐步引导客户作出购买的决定，甚至建立起真正的友谊。巧妙提问不仅可以得到好处，而且也是非常必要的，它是推销的一种必不可少的手段。

提问是推销沟通中经常运用的语言表达方法，通过巧妙而适当的提问，可以摸清对方的需要，把握对方的心理状态，透视对方的动机和意向，启发对方思考，鼓励和引导对方讲话；可以准确地表达自己的思想，传递信息，说明感受、疑惑、顾虑、希望等；可以在出现冷场或僵局时，打破沟通中的沉默，如："我们换个话题好吗？"可见，提问是推进和促成交易的有效工具，它决定着谈话、辩论或论证的方向。

客户的异议有可能是多方面的,他并不能立即明白地说出他的疑问。这时销售人员应正确地采用提问的方法,找到症结所在,然后再"对症下药"。

想好了再去问客户

在与客户面谈之前,销售人员应该做好充分的准备,其中准备向客户提出的问题是其重要一环。为了使交易继续下去,销售人员应仔细考虑制订出一个周密的计划。

事实上,你不需要准备很多的问题。正如美国广播公司的播音员和采访专家特德·考培尔说:"在大部分时间里,如果你开始幽默地向人们提出一个问题,结束时他们会告诉你非常有趣的东西。"

随着会谈的进展,你的问题应集中于确定客户的真实需求,目前的问题或损失,及购买你的产品后他将获得什么。在这个交易阶段,重要的是尽可能让客户深入地思考。

在进入建议阶段时,更应多提出问题让客户考虑并说出他目前行动的结果和你的想法的效用。

没人比客户自己更了解他对所期待结果的观点和概念。关键的推销战略是让客户用自己的话把他的想法给你解释一下。

当然,提出错误的问题会使客户停止交谈。这就出现了一个问题:该问什么样的问题呢?

在销售沟通中,向客户提出什么问题,主要在于提问者的目的。毫无目的的提问，在沟通中是毫无意义的。因此，在提出问题时要注意：

第一，提出的问题要能引起对方的注意，并能诱导对方的思考方向。而要引起对方的注意，所提出的问题必须有一定的分量；要诱导对方的思考方向，所提出的问题必须要有一定的计划性。

第二，提出的问题要能获得自己所需要的信息与反馈，即问什么，一定要有针对性，并做到具体明确，这样才可能得到对方明确的回答。同时，在措辞上一定要慎重，不能刺伤对方、为难对方，也不要引起对方的焦虑与担心。

第三，要更好地发挥提问的作用，提问之前的思考、准备是十分必要的。诸如：我要问什么？对方会有什么反应？能否达到我的目的？

此外，为了让你的问题能在对方心中留下印象，它应该满足以下几个条件：

（1）想从这问题里得到什么样的信息？

（2）提出这个问题之后，能否因此判断这位准客户的资格吗？

（3）要得到所需的信息，必须提出一个以上的问题吗？

（4）我的问题能不能让准客户思考？

（5）我提出的问题能不能把我与其他竞争者区分开？

通过有效的提问，能够引起客户的注意，从而也能让你的产品在对方心中留下强烈的印象。总之，方法多种多样，要灵活运用。

销售提问要有技术含量

一个好的提问能够在很大程度上改变一场交易，那些具有一流水准的销售人员往往是问问题的高手，他们在推销实战中总是特别注意提问的技巧。

1. 提问要有阶段性

应该把问题分布在沟通中的不同时段上，避免连续性的提问。因为，当销售人员接二连三地提出问题时，客户可能就会感到很不舒服。这样的话，他们可能会觉得不是在参与交谈，而是在接受审问。有的客户甚至会因此而产生抵触情绪，故意不回答问题。

如果能够适当地把你的问题分割开来，就可以使客户有充裕的时间来作出回答，从而做到在轻松的气氛中参与交谈。分割问题的主要方法是要进行有计划的提问，不打断客户的回答。总之，要让客户感到：他们是自愿提供信息的，而不是被迫泄露的。

2. 提出的问题要客观

销售中的提问，主要目的应该是了解客户的真实想法，而不是诱使客户作出某种承诺或强迫他们接受销售人员的观点。举例来说，如果提出的问题只有一个可能的答案，而这个答案又明显有利于销售人员，那么，这个问题就不具备客观性。

例如："为什么你认为这是一个优秀的产品？"或者"你认为我们的产品在哪些方面胜过你正在使用的产品？"

这样的问题试图鼓励对方作出肯定回答，没有否定答案，还具有明显的主观倾向，很容易引起客户的反感。退一步讲，即使得到了想要的答案，那么销售人员也不能把握客户的真实想法。

3. 多做开放性的提问

开放式的提问技巧是指发问者提出一个问题后，回答者围绕这个问题要告诉发问者许多信息，不能简单以"是"或者"不是"来回答发问者的问题。

这类提问的目的是为了鼓励客户作出较深入、较详尽的回答。如果销售人员提出的问题只有"是"或"否"这样简单的答案，那么，这样的提问就是不恰当的。因为它无法使客户发出更多的信息，也很难使客户真正参与到交谈中来。

例如，"你是否听说过我们公司？"这个问题的答案只有"是"与"不是"，而"有关我们公司，你了解哪些情况呢？"这个问题就要好得多。

销售人员要想从客户那里获得较多信息，就需要采取开放式问法。使客户对你的问题有所思考，然后告诉你相关的信息。

提出开放性的问题，并且耐心地等待，在客户说话之前不要插话，或者鼓励他们大胆地告诉你有关信息，收效会很明显。人们对于开放式的问法也是乐于接受的。他们能认真思考你的问题，告诉你一些有价值的信息。甚至还会对你的推销工作提出一些建议，这将有利于你更好地进行推销工作。

4. 适当采用封闭式的提问

封闭式问法是指回答者在回答问题时，用"是"或是"不是"就能使发问者了解其看法。

销售人员以封闭式问法可以控制谈话的主动权。如果你提出的问题客户都以"是"或者"不是"来回答，你就可以控制谈话的主题，将主题转移到和推销产品有关的范围里来，而不至于把话题扯远，同时，销售人员为了节约时间，使客户作出简短而直截了当的回答，也可以采用封闭式问法。

一般说来，在进行推销工作时，不宜采用封闭式问法。采用封闭式问法虽然有助于掌握谈话的主动权，但是并不能够了解客户是否对谈话的主题感兴趣，因而也就不可能从客户那里得到更多的信息。如果确定已经了解客户的需要以及他的兴趣，那么就可以采用封闭式问法获得直截了当的答案，提高推销效率。

开放式问法与封闭式问法得到的回答截然不同。封闭式问法的回答很简单，而开放式问法的回答所包含的信息量多，它的回答也常常出乎提问者的意料。

5. 进行明确的提问

要使所提问题容易被客户理解和回答，避免提出过于复杂与冗长的问题。

有些销售人员把几个问题糅合在一起，使提问复杂化。

例如："请问你们多长时间订货一次并全部销售出去？"

这个问题就很难让客户作出合理的回答。因为他们不明白你究竟是在问多长时间订一次货呢？还是在问一次所订的货物多长时间能够全部售完呢？

另外，还有些销售人员把问题拉得很长。

例如："有这么多复杂的报告要准备和翻阅，你很难确定什么时候去展销会看我们的样品和技术资料吧？"

这么烦琐的问句，很容易让客户感到厌烦，他们也很难集中精力去仔细听清这类问题。所以，提问应做到尽量简单、明确，不拖泥带水。

6. 证明式提问的技巧

有时客户可能会不假思索地拒绝销售人员的产品,所以,作为销售人员就应事先考虑到这种情况并相应提出某些问题,促使客户作出相反的回答。比如,"你们的冷却系统是全自动的吗?""您公司的仓库很大吗?"

当客户对这些问题作出否定回答时,就等于承认自己有某些需求,而这种需求亟待推销员来帮助解决。

促成交易的10大提问法

在向客户提问时,应当注意方法的灵活性,根据不同客户的情况采取恰当的提问方式,以使自己的提问达到最佳效果。销售专家总结出以下几种有效的提问方式,为你的成交助一臂之力。

1. 主动式提问

主动式提问是指销售人员通过自己的判断将自己想要表达的主要意思用提问的方式说出来。一般情况下,对这些问题客户都会给予一个明确的答复。

例如,有一家洗发水公司的推销员问:"现在的洗发水不但要洗得干净,而且还要有一定的护发功能才行,是吧?"客户回答:"是的。"推销员又问:"为了能够护发养发就要合理地利用各种天然药物的作用,在洗发的同时做到护发养发,这种具有多种功能的洗发水您愿意用吗?"客户:"愿意。"

当然,销售人员接着就可以问他想要知道的问题:"这种含有药物的洗发水含有一种淡淡的药物香味,你喜欢吗?"如果客户说他不太喜欢,那么"症结"就已经找到了。

2. 反射性提问

也称重复性提问,也就是以问话的形式重复客户的语言或观点。

例如,"你是说你对我们所提供的服务不太满意?""你的意思是,由于机器出了问题,给你们造成了很大的损失,是吗?""也就是说,先付50%,另外50%货款要等验货后再付,对吗?"

这类问题的好处在于,第一,它具有检验的作用,即能够用来检验推销员是否真正理解了客户的观点。如果理解有误,客户就会当场指出。第二个作用是鼓励客户以合乎逻辑的方式继续表明观点。第三,它还可以使销售人员对客户的言谈作出适当的反应,可以避免直接向对方表示肯定或否定。第四,这类问题还可以用来减弱客户的气愤、厌烦等情绪化行为。销售人员以问话形式重复客户的抱怨,让客户感到他们的意见已受到重视,其抵触性情绪也就会减弱。

3. 指向性提问

这种提问方式通常是以谁、什么、何处、为什么等为疑问词,主要用来向客户了解一些基本事实和情况,为后面的说服工作寻找突破口。例如,"你们目前在哪里购买零部件?""谁在使用复印机?""你们的利润制度是怎样的?"等等。

这类问题的提问目的十分清楚,也比较容易作出回答。通常用来了解一些简单的、宜于公开的信息,不适合用来了解个人情况及较深层次的信息。需要注意的是，在使用这类问题时要表现出对客户的关心，语气不可太生硬。

4. 评价性提问

评价性提问方法是用来了解客户对某一问题的看法，而且这类问题一般都没有固定的答案。

例如，"你觉得小型轿车怎么样？""你认为租与买哪个更划算？""要是增加一些零件存货会怎么样？"等。

评价性提问通常用于指向性问题之后，用来进一步挖掘相关的信息。在很多情况下，客户很可能不愿意对某个问题发表意见。这时，销售人员就应该使用间接评价性问题。间接评价性问题要求客户对第三者的观点作出评价。如："有报道说，××牌电梯在消费者中信誉很高，你认为它受欢迎吗？"

5. 细节性提问

这类提问的作用是为了促使客户进一步表明观点、说明情况。但与其他提问方式不同的是，细节性问题直接向客户提出请求，请其说明细节性问题。

例如，"请你举例说明你的想法？""请告诉我更详细的情况，好吗？"

6. 损害性提问

这种类型的提问，其目的是要求客户说出目前所使用的产品存在哪些问题，最后再说服客户来使用你的产品。

例如，一位复印机推销员问潜在客户："听说你们现在使用的这种复印机复印效果不太好，字迹常常模糊，是吗？"

显然，这类问题极具攻击性，如果使用不当，也会引起客户的反感。所以，在提出这类问题的时候，一定要注意用词和语气的委婉，并要考虑客户的承受能力。

7. 结论性提问

这种提问是根据客户的观点或存在的问题，推导出相应的结论或指出问题的后果，诱发出客户对产品的需求。这类提问通常使用在评价性问题和损害性问题之后。

例如，复印机推销员在客户对损害性问题肯定之后，可以接着使用结论性问题："用这样的复印机复印广告宣传材料，会不会影响宣传效果？"

8. 选择式提问

销售人员应该将产品可能引起的异议进行分类，让客户自己从中选择一个或几个。

例如，推销员可以问客户："你好，我们的产品有哪些问题让您觉得不太符合你的需要呢？是样式、体积、重量还是口味……"

9. 建议式提问

销售人员应该主动对客户提出购买相关产品可以获得的相关利益，并给出一些良好的建议，以刺激客户的购买欲望。

比如，童车推销员就可以这样问他的客户："请问您买这辆小车是给几个月的婴儿睡觉用还是给一两岁的婴儿坐着用？"或问："您买这辆车是愿意让小孩骑三轮稳定些，还是要让他（她）练习一下骑两轮单车的技巧？"短短的一个问题既赢得了客户的信任和认同，又巧妙地说出了该产品的多种功用，从而给客户留下了良好而又深刻的印象。

10. 请教式提问

一家大公司的推销员到一所学校里去推销计算机,他问学校教师:"现在学校都搞现代化教学,都配备了计算机,是吗?"

教师:"是的。"

接着推销员可以顺理成章地推销他的计算机了。

提出问题,让客户解答

所谓引导式提问,就是先陈述一个事实,然后针对这个事实进行提问,让对方给出相应的回答,从而得到相关的信息。引导是提问中的一个重要技巧。

例如,若想要获得对方决策人的信息,可以这样说:"我们最近有些促销活动,觉得挺适合贵公司的。能否告诉我贵公司负责订房的经理的全名,我们寄些资料供他参考。"这比直接询问"能否告诉我,贵公司的总经理的名字?"的效果要好得多。

1. 与相似问题进行比较

小潘是学习软件的推销员,他经常利用客户的随身物品作为一个实际的例子来说服客户。

有一次,一位客户在看了产品简介之后,还想要看看所要软件的具体内容。

客户:"我应该根据产品的内容是否适合我来确定买不买,对不对?"

小潘:"您说得没错,可是出品这套软件的公司非常有名,我希望您能相信一流的公司。先生,可以问一下您的笔记本电脑是什么品牌的吗?"

客户:"是国产产品。"

小潘:"哦!你买这台电脑的时候,是否先把它拆开看一下里面的部件呢?"

客户:"没有。"

小潘:"我想你在买这台电脑时,也是因为相信这家公司的信誉和服务才买下它的。同样买汽车的时候你也不能把车子拆开看一下引擎吧,还有买药品的时候你无法从100元一盒的药品中,挑选其中一颗药片试其功效后,才决定购买与否。虽然不同品牌的商品,可能有许多的价格差异,但若是你分不出品质的好坏,我认为你应该根据厂商的信誉来购买。买这个学习软件也是一样,您应该信任出版商的声誉。"

2. 对复杂的问题进行分解

这个方法适用于那些价格较为昂贵的产品的推销。有一位家具销售人员就在推销一套价格不菲的家具时,多次利用拆分问题来说服客户。

客户:"这太贵了。"

销售人员:"你认为贵了多少?"

客户:"贵了1000多元。"

销售人员:"那么现在就假设贵了1000元整。"他同时拿出了随身带的笔记本,在上面写下1000元给潜在客户看。

销售人员:"先生,你想这套家具你肯定至少打算能够用10年再换吧?"

客户："是的。"

销售人员："那么依照你所想的也就是每年多花了100元，是不是就是这样？"

客户："对，我就是这样认为的。"

销售人员："1年100元，每个月该是多少钱？"

客户："每个月大概就是8块多点吧！"

销售人员："好，就算是8.5元吧。你每天至少要用两次吧，早上和晚上。"

客户："有时更多。"

销售人员："我们保守估计为1天2次，那也就是说1个月你将用60次（把这些数据都写在笔记本上）。所以，假如这套家具每月多花了8.5元，那每次就多花不到0.15元。"

客户："是的。"

销售人员："那么每天不到1毛5分钱，却能够让你的家变得利落和整洁，让你不再为东西没合适地方放而苦恼、发愁。而且还起到装饰作用，你不觉得很划算吗？"

客户："……是的。那我就买下了。你们是送货上门吧？"

销售人员："当然！"

3. 把问题化繁为简

通过一个简单的问题就能够了解客户为什么不买，而按照客户的情况，销售人员大约能够知道应该使用哪一种策略应对，把可以克服的障碍一个个减少，这样就能提高推销的成功率。

"您是不是认为目前没有必要买？……如果是付款方面的问题，我们可以配合您的方案。"

"价钱方面是否有什么不满意呢？"

"关于我的说明有无不懂的地方呢？"

"对于这个商品您是否不大感兴趣呢？"

"对于这家制造商您觉得如何？"

"您不喜欢这个款式吗？"

"您是否考虑向其他制造商购买？"

"是不是已经向其他地方订购了？"

"是不是暂时还不想买？"

反问一句，夺回成交主动权

在与客户进行沟通时，运用反问式提问方式，能够使客户的注意力锁定在沟通的过程中，使销售人员在整个推销过程中掌握主动权，有利于推销工作的顺利开展及交易的达成。

1. 肯定性的反问

例如，"如果您在旅游时，带上这么一部相机，不但使您更加时尚，而且它会让您永久保留美好的回忆。请您想一想，如果因为没有相机而失去这些宝贵的一刹那，岂不是终生的憾事，难道不是吗？"

例如："您不觉得如果穿着我们公司设计生产的紧身衣，会更加舒适吗？"

例如，

客户："我希望你的价格再降10%！"

推销员:"先生,我相信您一定希望我们给您100%的服务?难道您希望我们给您的服务也打折吗?"

2. 反问客户"为什么"

每次客户拒绝或提出反对意见,销售人员就问客户为什么,并认真倾听他的回答。客户说得愈多,愈发现自己的理由并不完全正确,之后会重新考虑是否购买。

假定你推销的是帽子。

客户说:"我不太喜欢这种帽子。"

你可以反问:"为什么你会不喜欢呢?"

"样式不是太好。"

"为什么你觉得样式不好呢?"

你通过问"为什么",可以引导对方逐步说出自己的真实想法,然后就可以想办法说服对方,从而达成交易。

有位机械推销员讲述他的经历。

有位先生来询问一台机器的价格,推销员告诉他是3000元,他回答说太贵了。

推销员便问:"为什么呢?"

"因为成本太高,赚不回本呀!难道你认为它值得?"

"为什么不值得?这一直是一项最划算的投资。"

3. 用反问去否定客户的问题

客户:"我想买一双便宜的皮手套。"

销售人员:"今年与去年比,不是便宜1/3了吗?"

客户:"可是,隔壁店卖得更便宜呀。"

销售人员:"隔壁的货与这里的货的质量、款式相比,如何?"

客户:"噢,他的……"

这里用的是"如何"。

销售提问须"注意"

在与客户的沟通中,一个好的提问有可能会促成一笔交易的达成,同样,一个不当的提问也很可能会葬送一笔即将要成交的买卖。因此,在向客户提出问题时,必须要慎之又慎。

1. 选择好提问的时机

在向客户提问时,一定要注意把握好时机,做到审时度势地去提问,这样才能够比较容易地引起对方的注意,保持客户对沟通的兴趣。具体来说,对提问时机的把握,要注意以下几个方面的要点。

(1)即使你急着想要提出问题,也应该等对方充分表达之后再提问。过早或过晚提问,都会打断对方的思路,而且显得不礼貌,也影响对方回答问题的兴趣。

(2)在对方还没有答复完毕以前,不要提出你的第二个问题。

(3)与谈判无关的一些问题,最好在谈判前、谈判后,或中间休息时提出。

(4)要想控制谈话的方向,可以连续发问,但每次提出的问题要单一而明确,所提出的问题前后要有连续性、逻辑性。

(5)提问时要注意对方的情绪。当对方情绪高涨时,可以抓紧时间多问,问深些;反之,则尽量少问,所提问题亦不能太深。

2. 避免一些不当的提问法

一个不当的问题，对沟通效果的影响也许将是不可挽回的，所以我们要特别注意以下几个问题。

（1）不要直接提那些对方不可能回答的问题。杜绝使用讽刺性、盘问式、审问式的发问。

（2）不要有意使对方难堪，不能提出带有敌意或威胁性的问题，更不能提出指责性的问题。

（3）按平常的语速发问。太急速的发问容易使对方认为你是不耐烦或持审问态度；太缓慢的发问，容易使对方感到沉闷，无时间观念。

（4）提问时态度要谦虚，语气要和蔼，面部表情、手势动作、身体姿态等要同步配合。

（5）由广泛性的问题入手再移向专门性的问题将有助于缩短沟通的时间。

（6）对手欲回避的问题，既不要放过，也不要死缠烂打，更不要冒犯对方的忌讳，可以细心体会对方的某些暗示。所谓"说话听音，锣鼓听声"。

（7）提出敏感性问题时，应该说明一下发问的原因，以示对人的尊重，同时也可避免造成麻烦和窘境。

（8）所有的问题都必须围绕一个中心议题，并且尽量根据前一个问题的答复设计问句。

（9）提问方式，必须与问话对象相适宜。对方坦率耿直，提问就要简洁；对方爱挑剔、善抬杠，提问就要周密；对方急躁，提问就要委婉；对方严肃，提问就要认真；对方活泼，提问可幽默。

第7章

美言胜蜜糖——绝对成交的赞美话术

赞美是畅通全球的通行证。

——原一平（日）

我们每个人都自我感觉良好，别人也这么想。无论见到什么人，你都应该竭力想象他身上显现着一种看不见的信号：让其感觉自己很重要。

——玫琳·凯（美）

赞美对了，成交到了

每一个人都希望被赞美，销售人员可在销售时，用赞美对方的方式，来引起客户的注意、兴趣及需求，为成交创造契机。

下面是一个用赞美性的话语来接近客户的成功范例。

销售员宋先生以稳健的步伐走向张总经理。当视线接触到张总时，他轻轻地行礼致意，向张经理问好并做了自我介绍。

宋先生："张总经理，您好。我是华通公司的销售员小宋，请多多指教。"

张经理："请坐。"

宋先生："谢谢，非常感谢张总在百忙中抽出时间与我会面，我一定要把握住这个好机会。"

张经理："不用客气，我也很高兴见到您。"

宋先生非常诚恳地感谢了对方的接见，并表示要把握住这个难得的机会，这让对方感觉自己是个重要的人物。

宋先生："贵公司在张总的领导下，业务领先业界，真是令人钦佩。我拜读过贵公司内部的刊物，知道张总非常重视人性化管理，员工对您都非常爱戴。"

张经理："我们公司的业务和你一样，也需要直接去拜访客户，这就要求员工要有冲劲及创意。冲劲及创意都必须来自员工的主动自发精神，用强迫、威胁的方式是不可能成为一流公司的。因此，我们特别强调人性化管理，公司只有真正地做到尊重员工、照顾员工，才会帮助他们发挥各自的潜力。"

宋先生："张总，您的理念反映了贵公司经营管理上的独特之处，真是很有远见。我相信贵公司在照顾员工福利方面是不遗余力的，尽管你们目前已经做得非常好了。在这里，我向您报告一下有关本公司最近推出的一个团保方案，这种保险方案最适合外勤工作人员多的公司采用。"

张经理："新的团体保险？"

宋先生："是的。张总平常那么照顾员工，我们相信张总对于员工保险这项福利了解得也一定很详细，不知道目前贵公司已经采纳的保险措施有哪些呢？"

宋先生利用赞美的手法，很快就为自己的销售成交顺利打开了局面。

对客户进行有效的赞美，可以通过以下几种方式。

（1）赞美对方所做的事及周围的事物。例如：您办公室布置得非常高雅。

（2）赞美后紧接着询问。例如：您的皮肤这么白，您看试穿这件黑色的礼服怎么样？

（3）代表第三者表达夸奖之意。如：我们总经理要我感谢您对本公司多年的照顾。

赞美是个神奇的魔法

时时刻刻让客户感觉自己很重要。你若能准确投合人性中这种深刻的渴求,对方的感情账户内就会增加更多有利于与你做成生意的种子。

赞美客户是个相当神奇的魔法,在销售中会起到意想不到的效果。有时你苦口婆心说了一大堆话,客户却不为所动,而一句赞美的话,却让客户心里乐开了花,心甘情愿掏钱购买商品。

我们都会为爱的礼赞而兴奋不已。赞美可以激励客户建立他们的自我形象,并使他们喜欢我们。赞美的话对客户的冲击是相当深刻的。为什么不一见面就使用赞美客户的方式呢?不要觉得害羞,不要畏缩,勇敢地说出来,这会带给客户无比的价值感,让他感到自己是个重要的大人物。如果你能灵活运用以下四个法则,衷心的赞美将会引导你与客户的销售进程。

(1)使用具体的赞美。具体明确地将对方的优点提出来,更容易流露出赞美者的关心与真诚。

(2)避免绝对的赞美词。夸张的赞美会使人感到被愚弄,委婉贴切的话语则常使人喜不自胜。

(3)尽可能把对客户的赞美跟他以往使用的产品结合在一起。请永远记住:随时随处赞美别人。

(4)要记住:人们之所以购买,是因为他们感到高兴。你的感觉是会传染的,你要做一位传播者,让他们成为追随者。人们喜欢在他们感到愉快的地方进行交易。

想想看,你可以用什么方法传播快乐融洽的气氛,使双方都处于愉悦美好的环境里?以下提到的各种行为,相信你能做到:

(1)喊对方的名字!他们会觉得这是世界上最悦耳的音符。

(2)设法记住客户的姓名、职称等,在谈话中一有机会就提及。

（3）对他喜爱的事物，由衷地表示你也喜爱。

（4）引发对方的兴趣，让他多讲自己感兴趣的话题。

（5）凝神倾听，鼓励他说出自己的心声。

（6）微笑。微笑是世界上最好的礼物。

（7）认同他，并表达你感激的心情。有时只要一点"感激"，便能带给别人无比的喜悦和信心。

钻戒和珠宝都不是真正的礼物，唯一的礼物是你自己。去传播喜讯、快乐，你将是建立友谊的天使。你可以用一个微笑、一个真诚的眼神、一个友善的行为或任何方式创造出愉悦的气氛，让客户打开内心世界接受你、喜爱你。

给客户戴一顶"高帽"

按马斯洛的需求理论来解释，人都有获得尊重的需要，即对力量、权势和信任的需要；对名誉、威望的向往；对地位、权利、受人尊重的追求。而赞美则会使人的这一需要得到极大的满足。

心理学家指出：每个人都有渴求别人赞扬的心理期望，人一被认定其价值时，总是喜不自胜。由此可知，你要想取悦客户，最有效的方法就是热情地赞扬他，适时给他送上"高帽子"。

人们之所以喜欢"高帽"，是因为我们每个人都渴望被赞美和肯定，而"高帽"正好迎合了人们的这种欲望。"高帽"运用得好，便能将别人掌握在自己的手中。

许多商店的售货员为了销售，也很会给客户戴"高帽"。某位小姐在柜台前试穿衣服，旁边的售货员就会说，您穿这件衣服真漂亮，既高贵又典雅，您走在街上也许有人会认为您是哪位明星……直到这位客户乐呵呵地买下了这件衣服。

人都有一种希望别人注意他不同凡响之处的心理。赞扬客户时，如果能迎合这种心理，去观察发现他异于别人的不同之点来进行赞扬，一定会取得出乎意料的效果。我们称这种方法为"观察异点赞扬"。

卡耐基就常用这种方法来赞扬他人。他在《人性的弱点》一书里讲述过一件事：一天，卡耐基去邮局寄挂号信。在他等待的时候，他发现这家邮局的办事员态度很不耐烦，服务质量差劲得很。因此他便准备用赞扬的方法使这位办事员改变服务态度。当轮到为他称信件重量时，卡耐基便对办事员称赞道："真希望我也有你这样的头发。"听了卡耐斯的赞扬，办事员脸上露出了微笑，接着便热情周到地为卡耐基服务起来。自那以后，卡耐基每次光临这家邮局，这位办事员都笑脸相迎。

卡耐基真不愧为语言大师，在此情形下，竟能想出如此高妙的赞美语言，让那位面如冰霜的办事员改变了态度。就当时的情形看，如果赞扬他工作热情，办事员肯定会认为这是卡耐基在对他进行挖苦、讽刺，若是批评他服务质量差，他又很可能破罐子破摔，服务态度更恶劣。

要善于抓住人的心理，不失时机的赞美别人几句，给他送上一顶"高帽"，那么本来以为很糟糕的事，反而会向着很好的方向发展。对待客户，更要如此。

赞美是挽回客户的良方

高斯先生所在的美克公司曾经和费城的一个建筑承包商签订了一项合同,负责为对方提供一种装饰用的铜器,并被要求在指定的日期内交货。刚开始,双方合作得非常顺利,但在合同履行期将要结束的时候,客户那边却突然说不再接受美克公司的货物了,并且也没有给出一个合理的解释。

在电话沟通无效的情况下,高斯先生被派往了纽约,去拜访客户。

"您知道您的姓名在布鲁克林区是独一无二的吗?"当高斯先生走进客户方面负责这件事的一个经理的办公室时,他这样问道。

这位经理感到很惊异地说:"不,我不知道。"

"哦,"高斯先生说,"今天早晨下了火车后,我在查看电话簿找您的住址时发现在整个布鲁克林区只有您一个人叫这个名字。"

"我可一直都不知道。"这位经理说,并开始很有兴趣地查看电话簿。

"啊,那可不是普通的姓名。"他边查边自豪地说,"我的家庭原来在荷兰,大约在200年前迁到纽约来的。"

这位经理接着又谈了他的家庭情况,说了很长时间。

当他说完了,高斯先生也大致摸清了他的脾气,于是开始恭维他有那么大的一个公司,并且比他曾参观过的几家同样的公司更好,而且规模更大。

"这是我所见过的最清洁的一家公司。"高斯先生说。

"这是值得我用一生的心血来经营的一项事业。"这位经理说,"对此我也感到很自豪。你愿意参观一下我的公司吗?"

在参观的时候,高斯先生又借机赞扬了他的组织与管理系统,并给出了自己合理的解释,告诉他为什么他的公司看起来比其他的几家竞争者要好,以及好在哪里。

最后,那位经理坚持要请高斯先生吃午餐。

需要注意的是,截止到目前,高斯先生对自己的访问目的还只字未提呢。

午餐完毕以后,这位经理说道:"现在,我们谈正事吧。自然,我也早就知道你是为什么而来的。但是,我没有想到我们的聚会是如此的愉快。你可以回费城向你们公司转达我的许诺,也许其他的订单我不得不延迟,但是你们的货物我将保证按期接收。"

就这样,高斯先生甚至没有说出自己的来意,就出色地完成了他的任务。试想一下,如果高斯先生采用平常人在这种情形下所用的争执吵闹的方法,能取得这样的结果吗?而且,在这种情况下和客户进行争吵也是合乎常理的,因为毕竟是客户那边先违了约。但是高斯先生不仅没有和客户争吵,反而去赞美客户,最终也为公司挽回了损失。我们不得不佩服他在和客户沟通中的高明之处。

所以说,赞美是增进情感交流的催化剂,如果推销员能找到客户值得赞美的地方,并真诚地表达出来的话,就会立即拉近和客户之间的距离,让客户接受你,有时甚至能够挽回那些行将失去的客户。

以第三者的口吻赞美客户

我们来看看推销员陈小姐是如何借用他人的话来赞美准客户李经理的:

陈小姐:"李经理,您早。今天的天气太好了!"

李经理:"是啊!空气很好,北京的冬天像这个样子的可不多见呀!"

陈小姐:"是啊!李经理,您正在做重要工作,这时打扰您,真不好意思。早听说您年轻有为,为人正直,很讲信誉,大家都很敬慕您。"

李经理:"我们经销部的宗旨就是客户是上帝。因此,恪守信誉是我们的第一目标。"

陈小姐:"我们真应该向贵方多学习,多请教。"

就这样,陈小姐在寒暄与间接的赞美中打开了客户的话匣子,也成功地消除了客户的戒备与抵触心理,为下一步的推销工作打下了良好的基础。

有时候,借用第三者的口吻去赞美客户会更有说服力。比如说:"怪不得小李说您越来越漂亮了,刚开始我还不相信,这回一见可真让我信服了。"这样的赞美对客户来说就比直接说:"您真是越长越漂亮了"的效果要好得多,而且还可以避免恭维、奉承之嫌,对方听了心里也会感觉更舒服。

间接地赞美客户有时能够获得比直接赞美客户更好的效果。

在平时接触客户的过程中,你可以尝试着多运用一下这些间接的赞美方式:

"您好，先生。今天早上，我听您的一位同事介绍说您在这一行里面有非常专业的知识，而且您对人特别友好，非常和蔼。"

"王先生，您好，我是你的老朋友张先生介绍来的，听说王先生聪明能干，不到30岁就开了好几家公司，手下的员工就有好几千。特别是王先生在事业成功的同时，也非常关心员工的福利待遇。今天我来的目的就是向王先生介绍本公司的职工意外健康保险，我们现在就开始好吗？"

"您的经理上回跟我说，您的工作又快又好，让您办事，他最放心。"

"您的员工跟我说，您不但能干，有魄力，而且特别宽宏大量，跟您干是对了！"

"听朋友说您是位学识渊博且非常谦虚的人，果不其然。才听您说了几句话，我就感受到您的人格魅力。"

恰到好处地赞美客户

艾伦是一家人寿保险公司的推销员，几经周折，他才获得了去拜访当地一位大人物钱伯斯先生的机会，而时间只有半个小时。

一见到钱伯斯先生，艾伦就非常激动地说："钱伯斯先生，我很小就听过您的大名，从心底万分崇拜您。我想，如果我今天能亲耳听到您的那些传奇故事的话，我会非常荣幸。"

"年轻人，你今天来的目的不是就为这个吧？"

"钱伯斯先生，您不知道，有多少人做梦都盼着见您一面呢！"艾伦越说越起劲，又说出来很多赞美之辞，钱伯斯先生渐渐地也被他的赞美冲昏了头脑，开始向他讲述自己的创业史。结果，半个小时的时间很快就过去了，艾伦满脑袋都是故事，却忘记了此行的真正目的。

在与客户沟通的过程中，赞美会很快取悦于客户，并能够在客户心中留下美好的印象，因为每个人都喜欢受到别人的赞美和尊重，对赞美自己和尊重自己的人自然会抱有好感。但是，如果过分赞美客户，就像上面的艾伦一样，就会使赞美远离实际，不能够与自己的推销工作有效结合起来，往往弄巧成拙。

因此，赞美是要讲究技巧和方法的，不是美言相送，随便夸上两句就会奏效，如果赞美的方法不当还会起到相反的作用。所以，在赞美客户时，要注意恰如其分，切忌虚情假意、无端夸大。那么，如何去把握赞美的话语而不过头呢？

有一位经理，开的汽车已经很旧了，因为在创业年代艰苦奋斗惯了，所以现在成功了，怎么也舍不得换新车子。像他这样的人是各汽车销售公司最好的潜在客户。但是，在很长一段时间里，都没有人能成功地向他出售一辆汽车。原因在于这些推销员总是这样说：

"您这辆车子太破了，太旧了，跟您的身份不符……""您这破车三天两头就要修理，修理费用得多少啊？"等一类的话，让这位经理听了心里很不痛快。

后来，来了一位推销高手，他这样对经理说：

"您的车子还能再用好几年，现在换了新车是有点可惜啊。不过，这辆车居然能够行驶 12 万英里，看来您开车的技术真是一流啊。"

推销员的话虽然含有车子太旧的意思,但是表面上却是在夸赞这位经理。他的这番话真是说到经理心坎里了。可想而知,只要有需要,这位经理最后肯定会购买该推销员的汽车。

有分寸有技巧地赞美客户

渴望被别人真诚地赞美,是每一个人内心的一种基本需求与愿望。而赞美对方是获得对方好感的有效方法。但是,赞美要把握分寸,要有技巧,否则会引起客户的反感。

1. 赞美要因人而异

人的素质有高低之分,年龄有长幼之别。因人而异,突出个性,有特点地赞美能比一般化的赞美收到更好的效果。

每个人都喜欢被赞美,销售员的赞美更要使客户感到愉快。销售技巧中,采用的赞美就绝不是简单的"拍马屁"。一般来说,如何发现一个人真正值得赞美的地方也有一定的规律可循。比如说,对老年人,应该更多地赞美他辉煌的过去,赞美他"想当年"的业绩与雄风,同其交谈时,可多称赞他引为自豪的过去;对年轻人,不妨语气稍为夸张地赞扬他的创造才能和开拓精神;对年轻母亲,赞美她的小孩往往比直接赞美她本人更有效;对经商的人,可称赞他头脑灵活,生财有道;对有地位的干部,可称赞他为国为民,廉洁清正。当然,这一切要依据事实,切不可虚夸。

2. 赞美并非越直接越好

有时，间接的赞美更能打动人心。比如说，对方是个年轻的女客户。为了避免误会，不便直接赞美她。这时，不如赞美她的丈夫和孩子，这比赞美她本人还要令她高兴。也可以借用第三者的口吻来赞美，比如说："怪不得玛丽说您越来越漂亮了，刚开始还不相信，这一回一见可真让我信服了。"这就比说"您真是越长越漂亮了"更有说服力，而且可避免轻浮、奉承之嫌。

3. 赞美要情真意切

虽然人人都喜欢听赞美的话，但并非任何赞美都能使对方高兴。能引起对方好感的只能是那些基于事实、发自内心的赞美。相反，若无根无据、虚情假意地赞美别人，客户不仅会感到莫名其妙，更会觉得销售员油嘴滑舌。例如，销售员见到一位其貌不扬的小姐，却偏要对她说："您真是漂亮极了。"对方立刻就会认定销售员所说的是虚伪之至的违心之言。但如果销售员着眼于她的服饰、谈吐、举止，发现她这些方面的出众之处并真诚地赞美，她一定会高兴地接受。真诚的赞美不但会使被赞美者产生心理上的愉悦，还可以使销售员经常发现别人的优点，从而使自己对人生持有乐观、欣赏的态度。

4. 赞美不能漫不经心

如果销售人员的赞美并不是基于事实或发自内心的，就很难让客户相信销售人员，客户甚至会认为销售人员在讽刺他。缺乏真诚的空洞的称赞，并不能使对方高兴，有时甚至会由于敷衍而引起反感和不满。一旦客户发现销售人员说了违心的话，最可能的判断就是销售人员是不可信的。

一般来说，赞美是实事求是的、有根有据的，是真诚的、出自内心的，是为人所喜欢的。最好的赞美就是选择对方最心爱的东西、最引以为自豪的东西加以称赞。

5. 赞美要翔实具体

在日常生活中，人们有显著成绩的时候并不多见。因此，赞美时应从具体的事件入手，善于发现别人哪怕是最微小的长处，并不失时机地予以赞美。赞美用语越翔实具体，说明销售人员对对方越了解，对他的长处和成绩越看重。让对方感到销售员的真挚、亲切和可信，销售人员与客户之间的人际距离就会越来越近。

如果销售人员只是含糊其辞地赞美对方，说一些"您工作得非常出色"或者"您是一位卓越的领导"等空泛飘浮的话语，不能不引起对方的猜疑，甚至产生不必要的误解和信任危机。

销售人员赞美客户，就是为了让对方获得"自己很美好"的感觉。一个人的外表有美丑之分，能力有高低之别，这些都是难以求全的。但是，一个人的心灵与其外貌、能力没有什么必然关系。明白这一点的销售人员，会把赞美的目标转到对方的心灵。

成交中屡试不爽的赞美话术

很少会有人因为受到赞美而感到不高兴，除非是那种居心不良的赞美。因为每个人都希望赢得别人的尊敬和重视，都希望自己在别人眼里是一个积极、正面的形象。

"你的房子真漂亮，院子也收拾得非常整齐，你真是一个有品位的人。"听到别人这么说，任何人都会觉得很高兴。同样，如果销售人员能够这样善意地承认并称赞客户的优点时,客户感到愉悦之余,通常就会做出购买决定。

那么,赞美的话究竟该怎样去说呢?

1. 称赞个人的常用话语

(1)"听说您有位漂亮的太太,真令人羡慕。"

(2)"令爱很像您太太,长大后也一定是个大美人。"

(3)"您的孩子长得真像您,将来必定是社会精英。"

(4)"您住的地方真不错,眼光与品位确实与众不同。"

(5)"你们的院子很漂亮,是先生您自己设计的吗?您工作那么忙碌又能将庭院收拾得井井有条,真是令人佩服。"

(6)"你们的邻居都很羡慕你们夫妇情深,请问你们保持良好夫妻感情的秘诀是什么呢?"

2. 称赞管理人员的常用话语

(1)"总经理,您取得了这么大的成就,工作还这么努力,对我而言是个很好的榜样呀。"

(2)"董事长,这个行业的人都说您是采购领域的专家。"

(3)"先生,您的眼光真高,令我非常佩服。"

(4)"久仰大名,今天能够见到您,我感到非常荣幸。"

(5)"先生,您的品位不凡,在本行业里拥有很好的口碑。"

(6)"处长先生,我很冒昧地请问您,这条领带是您自己选的吗?搭配得很不错啊!"

3. 称赞公司的常用话语

(1)"贵公司是家颇有历史的公司,外界对贵公司的评价也很高。"

（2）"贵公司的规模在行业里高居榜首，很多同行都说要迎头赶上，但结果不仅没赶上，反而和你们的距离越来越远。"

（3）"贵公司是本地区高收益企业的典型代表，大家对贵公司的评价都非常好。"

（4）"很多客户暗地里都说贵公司的竞争能力太强了，他们根本无法与你们抗衡。"

（5）"听说贵公司的商品管理在这个行业里，没有一家公司比得上，不仅商品周转率高，而且不良库存为零，真是令人羡慕啊。"

第 8 章

编个好故事——绝对成交的讲故事话术

有些人以为我本身就具有近乎演员的天赋，其实不是。我自己每要讲一个保险故事，就像演员一般从背诵剧本到融入当事人角色，认真的练习一二十次，直到抓住故事的精髓为止。

——原一平（日）

一个拥有好故事的产品，在市场上的竞争优势是非常明显的，往往很轻易就能打动用户，让他们只用一秒钟便做出购买的决定——不管它的价格有多高。

——李抒映（韩）

学会讲故事，销售更简单

真正的销售高手，都是讲故事的好手。

对销售来说，说服是一件很重要的事。想卖出产品，总要说服客户。如果你能讲出一个好故事，让故事与产品结合起来，就会给客户留下很深刻的印象，为你说服客户做好铺垫。

所以，学会讲故事，能够让销售变得很简单。这是销售的秘诀，同时也是销售高手的天赋，他们每个人都是讲故事大师！

故事销售的好处是什么呢？它可以吸引客户的注意力，故事本身还可以引导出客户的心理需求！这是吸引法则，起源于心理学，百试不爽！只要你想，你就可以为你的客户讲出最具有煽动力的购买故事，让他感同身受，视你的产品为灵丹妙药，并且马上为它付钱，拿着它去追寻属于他自己的完美故事！就像这个成功的钻戒广告！

为客户讲一个故事并不困难，实际上，这是销售员的日常工作。你需要在平时就注意收集资讯，加大阅读量，并将得到的信息分门别类，存储在大脑中。当你需要时，就把它们调动出来，加以润色，在合适的时机，结合不同的产品，用合适的方式讲给你的客户。

讲故事需要学习，但是更重要的是练习。从现在开始，就向你的客户讲一个动听的故事。你可以把一款手表的名称，说成是一位帅气王子送给可爱公主的礼物的名称，这份礼物曾经让两个矛盾中的国家和平相处，然后相爱的王子和公主成为两个国家的功臣，并最终得到了属于自己的爱情。于是，这块价值连城的手表就产生了，为的是纪念这段感人的爱情故事。你也可以将你的产品与一个著名的人物联系起来。

用故事做销售的"催泪弹"

　　作为感性销售的工具，讲故事在销售战术中占据着重要的一个位置。通过销售人员的角色魅力，必要时适当地讲一些动人的故事去帮助自己推销，这样可以引起客户和销售员感情上的共鸣。随后，销售员只需在其共鸣基础上进行攻心战术，销售活动的成功率就会高多了。

　　在销售过程中，销售员推销的产品是第一重要的，在此基础上，用故事作为自己销售的产品启动电源，马力十足地给客户带去情绪体验。当打动客户心的时候，购买就会自然而然的发生了。同时，更为下一步的客户升级埋下了伏笔。

　　"能不能提前啊？如果不行，你把我交过的会费还我就好，利息就算了。"

　　自从丈夫病重后，美子为了互助会的事不堪其扰。这个互助会是以邻居亲友为主组成的，每家每月需要交 1 万元互助费。

　　美子是会首，丈夫病重，尽管她已再三解释，无论如何不会让大家吃亏的。但是一些会员还是担心她一手创办的互助会垮掉。

　　"我们家在这里已不是一年、两年，难道我们的为人你们还不了解吗？我们不曾欠过人家一分一毫！"

虽然这样说，邻居亲友的疑虑还是无法消除。

佳子是美子丈夫好朋友的太太，一大早就来。

"美子，我们家最近买房子，贷款负担很沉重。能不能商量一下，把会费还我们。"

美子感到世态炎凉，说不出话来。

"我是不得已才做这样的要求的。"

佳子不死心地缠着。

"佳子，我丈夫和你丈夫是多年的知心朋友，你这样苦苦相逼，叫我很心痛。"场面尴尬起来。美子本来想把丈夫有张人寿保单的事说出来，但是心想，这样说好像期盼丈夫早点去世，于心何忍。

她已盘算过，即使丈夫走了，以自己的收入加上保单赔偿，互助会是不会有问题的。

但是像佳子这样的会员有两三个，尤其佳子讲话更是露骨，丝毫不顾交情，很难应付。

"佳子，我丈夫还没有走，你也不用担心，就算我做牛做马，也不会欠你们钱的。"

"我不管啦！"

佳子不愿就此打住。

"我们家是穷了点，你不必这样。按规矩，互助会你参加了一半，是没道理退出来的。"

美子强硬了起来，口气不再软弱，佳子眼看情况不对，只好回去。

一面看着丈夫因癌细胞扩散而身体一天天虚弱,一面又要应付各种经济上的问题,美子有点承受不住。但是这家除了她,谁来撑呢?子女还小,美子必须坚强起来。

"看开点,别烦恼。我们已没什么好损失的了,担心什么?"看到美子焦虑忧愁,婆婆安慰她。

"我知道。"

到了这步田地,美子也体会到,光烦恼是没用的。

丈夫还是走了。

丈夫的保单索赔虽然只有100万,办丧事及医药费又花去了大部分,但是至少不用去借。剩下的30几万存着,心中踏实多了。

否则,万一家中又有人生病,那可就要借钱。

"借钱,越有钱的人借钱越容易,越穷的人借钱越困难。"美子说道。

这个感人的故事是原一平亲口讲述的,故事也足以说明,在世态炎凉、人情似纸、生活艰难的处境下,买保险的好处,听后可令客户抹一把同情之泪,然后再考虑投保。

原一平讲起保险故事相当传神,客户往往听得激动起来。讲到令人心酸的重点时,原一平还会掉下眼泪。

有人问他:"你是怎么训练自己讲保险故事的?"

原一平说:"有些人以为我本身就具有近乎演员的天赋,其实不是。我自己每要讲一个保险故事,就像演员一般从背诵剧本到融入当事人角色,认真的练习一二十次,直到抓住故事的精髓为止。"

故事的力量来源于对人情绪的控制。用故事来作为营销手段的主要目的是为了提高客户购买意愿,所以在任何一个阶段随时都可以来上一段故事,当然,客户拒绝时一定也有相应的故事可做缓冲。

既然感性的运用故事能够为销售员发挥这么大的效果,为什么你不去开动脑筋,为自己的客户带去一个动人的故事呢?

用故事敲开客户的心

讲故事可以引发共鸣,可以激发兴趣,显得平易近人,更能深入人心。用讲故事的方法来介绍自己的产品,与客户沟通,能够收到很好的效果。

一客户来到海尔冰箱的柜台前,对海尔的销售人员说:"你们的质量有保障吗?"这时销售员倒没有就质量本身说那么多,只是讲起海尔的总裁张瑞敏上任时砸冰箱的故事,一个故事立刻令人对海尔冰箱的质量刮目相看。

像乔·吉拉德、甘道夫、原一平、柴田和子都是讲故事的大师。原一平每次在推广保险的时候,都会讲一个因没有买保险发生意外或死亡的悲痛故事,他的真情感动得客户流下了泪水,这时他便说道:"我真的不希望这样的故事发生在我遇到的任何一个人身上,我有责任去帮助他们,我出售的不是保单,我出售的是爱和保障。"就因为原一平讲故事真挚,一次又一次地打动了客户,从而帮助他成交了一个又一个的保单,让他成为了受人尊敬的推销大师,被誉为"推销之神"。

所以，不管你今天卖何种产品，你一定要收集那些能令新客户产生共鸣、激发需要的故事。

任何商品都有自己有趣的话题：它的发明、生产过程、产品带给客户的好处，等等。销售人员可以挑选生动、有趣的部分，把它们串成动人的故事，以此作为销售的有效方法。所以销售大师保罗·梅耶说："用这种方法，你就能迎合客户、吸引客户的注意，使客户产生信心和兴趣，进而毫无困难地达到销售的目的。"

为客户编个浪漫的故事

销售为什么需要讲故事，为什么要将故事讲得浪漫一些呢？因为人都喜欢听故事，尤其是和自己有相似背景的人和事。只要你将这样的故事与产品结合，你就已经成功了一半。

三流的销售摆出产品；二流的销售对产品表达观点，陈述事实；一流的销售则是擅长讲故事，将观点和事实融入故事，提升产品的档次，打动消费者。

你会为客户编一个"他"或"她"的故事吗？一个浪漫感人的故事，会让你的产品变得妙不可言，动人心魄！

有一家钻戒公司，为自己的钻戒设计了一个销售广告，集合了文字与影像，编织了一个美丽的故事：一对纯真的情侣，真心相爱，历经磨合，从冬天的白雪，走向春天的繁花，经过夏天的浮华，最终携手迎来秋天的果实！他们坐在秋天的公园里，周围是一片丰收的景色，枫叶在身边缓缓飘落，代表着成熟与长大。

他们含情脉脉地注视着对方,而女孩的手,则似乎无意地放在显眼处。那里,一颗钻戒闪闪发光。旁边写着:两心相系,一生一世!

这是妙到极致的故事广告,利用一个动人的故事,将产品推到大众的面前。用这样一个"她"的故事告诉全天下的男孩:如果你爱她,就去为她买一款这样的钻戒吧!

只会讲观点的销售不能生存,只能将产品摆出来然后撞大运的销售更是不入流的销售者。要想让自己成为一名销售高手,讲故事的技能是必不可少的。

尤其是,为客户讲一个浪漫感人的"他"或"她"的故事,这关系到你的产品是否能够一下拴住这位消费者!

讲故事中要借助比喻来推销

在保险推销技巧中,喻义行销法不失为一种非常好用而又容易见效的推销方法,它巧妙地运用了日常生活中常见的事物,通过形象生动的比喻,向客户阐释应该及时购买保险的道理。

在中外保险大师推销经历中,我们不难发现此法的妙用。黄伟庆"救生艇"的案例就很精彩。

一次,黄伟庆同莫先生乘坐渡轮去九龙。莫先生在听完黄伟庆的介绍后,微微一笑说:"小黄,你看我有必要买保险吗?美国友邦的实力与规模都是一流的,不过我虽然不能和友邦相比,但以我的财力,我可以买下整个友邦公司的1/3。"

听了这话,黄伟庆当场一愣,眼看船将到岸,头脑中也没理出个头绪，不知该怎样对眼前这位财大气粗的先生再次进行保险说明。忽然，黄伟庆看到了停泊在码头的"伊丽莎白二号"，忽然眼前一亮，面带微笑对莫先生说："莫先生，您见多识广，我有个问题想要请教一下，可以吗？"

"什么问题尽管提出来。"莫先生欣然应答。

黄伟庆指着"伊丽莎白二号"说："您看，那艘巨大的轮船，行驶的时候一定平稳安全吧？应该不会有什么意外发生吧？"

"是的，我看很安全，不会有什么事发生。"莫先生答道。

"那就奇怪了。莫先生，您看，它上面装了足有20条救生艇。既然它很安全，很可靠，那为什么还要准备那么多救生艇呢？那么多救生艇放在它上面，对它来说不是一个很大的负荷吗？这不是多此一举吗？我真想不通，请您告诉我一下其中的道理，好吗？"

莫先生一听就明白了，他再次仔细打量了一下面前的黄伟庆，笑道："小黄，真有你的，明天早上到我办公室来。"

就这样，黄伟庆赢得了一个大客户。

看似简单的比喻帮了黄伟庆一个大忙。很多时候，跟高层客户沟通，直白的讲述未必能收到好的成效，但是寓意深远的比喻却能让客户深刻地体会到其中的道理。

从黄伟庆的经典案例中，我们可以体会到喻义推销法的妙用。喻义推销法最大的特点就在于不需要直白地阐明而道理又表露无遗。

在推销中运用讲故事的方法时，适时使用恰当的比喻，不仅可以让话语变得活泼生动，还可能带来意想不到的惊喜。

用故事来渲染枯燥的谈话

约翰刚参加工作不久,就碰上了一位自称永远都不需要保险的医生,他很有钱,同时也很吝啬。

这位医生夸口说有一天他将拥有 200 万美元。约翰告诉他应该通过保险为他的家人保障收入来源,但他根本不想花这笔钱,认为支付保险金会减少他的储蓄。很明显他不懂保险,他喜欢储蓄、有价证券和定期存款等除保险以外的其他金融工具。面对如此固执的客户,约翰需要想办法消除他的偏见,给他提供最好的方案。

在会谈将要结束时,约翰决定再试一次。约翰说:"您的目标是攒够 200 万美元,确实很了不起。任何拥有那么多钱的人都不用为养活自己和家发愁,而且不需要再去工作。但是假设您的 200 万美元是一座 40 层大楼的顶层,如果您的目标是到那儿,您怎么上去呢?您是爬楼梯呢,还是乘电梯?"没等医生回答,约翰接着说,"您显然属于爬楼梯的这一类人。"

"你说什么?"医生有点恼怒。

约翰却一点儿也不着急:"您现在就像是在爬楼梯。您要爬到 200 万美元,而不是乘电梯到 200 万美元。"

医生怒视着约翰,等他解释。

约翰不慌不忙地说:"按照您目前的计划攒钱就像在爬楼梯。当您买高收益率的股票时,您一步三个台阶,但您仍然是在爬楼梯。爬楼梯的缺点是您有可能停下来,您也有可能摔断腿,或者摔死,再也爬不上去。不论您滞留在哪一层,您都实现不了您的目标。您和您的家人该怎么办？"约翰停下来看着这位医生，他仍然沉默不语。

"但是"，约翰接着说，"有了保险，您就不会被困住。免缴保险费如同你受伤后我每次给你按一下电梯按钮，您就上去一层，直到你到达顶层。如果你死了，我就按直达键，直接把你送到顶层。"医生点点头。几分钟后约翰就拿着医生的保险支票离开了他的办公室。

在推销过程中，客户对产品可能已经很了解了，这时再就这个产品谈来谈去只能让客户觉得厌烦。或者这个产品本身不是很有趣，那么大肆宣扬只能增加枯燥无味的感觉。因此，在推销工作中适时穿插讲一个生动形象的的故事，可以让客户更加透彻地了解销售员的方案，并最终下决心签单，达成交易。

讲好销售故事的七大诀窍

讲故事就是为客户设计一个产品的应用情景，让他们看到美好的使用效果。但是，如何将故事讲得引人入胜、妙不可言呢？销售故事有没有什么学之即会、用之即灵的诀窍？

学会讲故事，有七大诀窍：

诀窍1：量身定做

根据客户的身份、地位、收入、年龄、性别、购买目的，以及产品的不同，结合当时的场合和气氛，选择合适的故事进行产品销售。这很重要，如果你讲了一个客户不感兴趣甚至很反感的故事，那么就会弄巧成拙，甚至让客户产生厌烦感。

诀窍 2：细节需具体

故事要有具体的细节，让客户可以用心灵触摸到，感受到，从而可以在脑海中模仿，而且在未来的产品应用中，可以进行套用。比如那个成功的钻戒广告，对于场景的设计，要有实用性。如果你让男女主人公坐在云彩上，而不是公园里的长椅上，效果就会大打折扣，因为观众潜意识里会觉得太虚幻了！

使用客户能够涉及的细节，这是故事打动人的基本因素。让你的故事听上去越真实、越特定化、越有现实感，客户就越能够理解和认同。但是也不能太过详细，比如最好不要涉及具体的城市和地点，让大家都有进行想象的空间。还是以钻戒广告为例，如果你说"上海的公园"，那么观众的感觉一下就冷淡了很多，难道这款钻戒是专卖给上海消费者的吗？难道只有上海的公园才这么浪漫吗？客户会有这种想象空间被剥夺的感觉，从而产生疏离感。

诀窍 3：场景符合真实生活

只有让客户感觉到这是真实的生活，你所讲的才是一个成功的好故事，才能进而让他对产品感兴趣。只有跟客户可能的生活经历联系起来，让他有所触动，并能体验到可操作性，他才会产生强烈的购买欲望。比如一款相机的销售方，设计了一组去全国各大文化景点旅游拍摄的效果图，地点选用了长城、天安门、青藏高原等几处代表性的景点，既让客户看到了这款相机拍摄出的高清图，又让客户对携着这款相机去这些地方实地体验的感觉很是向往，于是就很容易做出购买决定。

诀窍4：偶尔适当的自嘲

在与客户交流时，聊到即兴处，可以偶尔适当地谈论一下自己的困难、糊涂事甚至是无知，衬托出产品的优点。比如当你向客户推荐空调时，你可以说："我现在还没钱买一台空调，每天回到家，就像热锅上的蚂蚁，别提多狼狈了！拿着扇子，拼命地扇啊！也没感到有一点风！"这种自嘲似的讲述，会起到出其不意的效果，首先，会衬托出空调的重要性，并让客户产生心有灵犀的感觉，因为你把夏天没有空调可用的难堪讲了出来，一下子就能促使他下定决心购买！同时，在你自嘲的时候，还会拉近与他的距离，因为这时很多客户会在你身上看到他自己的影子。

诀窍5：轻重要有别

故事里的元素，要有轻有重，突出你要表达的信息。故事当然要有趣，但千万别让"有趣"盖过了"产品"的信息。这是一个尺度的问题，有趣的故事要为产品服务，否则故事就对销售毫无价值，你只是讲了一个让客户聚精会神的故事而已。

诀窍6：做到灵活改编

同一个故事，对不同的客户讲出来，就要根据需要做出适当的改变。侧重点可能不同，长短也可能不同，这需要你有随时改编的能力。你可以通过增加细节或改变主人公的身份、故事的情景等重要因素，轻而易举地改编故事，让它适用于眼前的客户。

诀窍7：永远别忘了故事的目的

让故事与销售保持一致，这是永远不能忘记的原则。否则，你的故事就白讲了！换句话讲，你可以让故事吸引客户的注意力，但千万别让客户忽视了你的产品！

第9章

说话带双耳——绝对成交的倾听术

你倾听对方越久，对方就越愿意接近你。据我观察，有些销售员喋喋不休，因此，他们的业绩总是平平。上帝为什么给了我们两只耳朵一张嘴呢？我想，就是要让我们多听少说吧！

——乔·吉拉德（美）

推销员最明智的做法是让客户多讲，自己少说，这样，客户就会觉得自己是被重视的，他就越能对你敞开心胸。客户说得越多，你就能从中捕捉到越多对你有利的信息。

——马里奥·欧霍文（美）

倾听推开销售之门

杰尔·厄卡夫是美国自然食品公司的推销冠军。这天，他像往常一样将芦荟精的功能、效用告诉给女主人，但女主人并没有表示出多大的兴趣。

厄卡夫立刻闭上嘴巴，并细心观察。突然，他看到女主人家的阳台上摆着一盆美丽的盆栽，便说："好漂亮的盆栽啊！平常真是很难见到。"

"没错，这是一种很罕见的品种，叫嘉德里亚，属于兰花的一种。它真的很美，美在它那种优雅的风情。"女主人听到厄卡夫对自己盆栽的赞美，便来了兴致，说道："这个宝贝很昂贵的，一盆就要 800 美金。"

"什么？800 美金？我的天哪！每天是不是都要给它浇水呢？"

"是的。每天都要很细心地养育它……"

于是，女主人开始向厄卡夫讲授所有与兰花有关的学问，而厄卡夫也聚精会神地听着。

最后，女主人说："就算我的先生也不会听我唠唠叨叨讲这么多，而你却愿意听我说了这么久，甚至还能够理解我的这番话，真是太谢谢你了。希望改天你再来听我谈兰花，好吗？"随后，她爽快地从厄卡夫手中接过了芦荟精。

客户在与销售人员交谈时，都希望销售人员能够耐心地听自己倾诉。一个不懂得倾听,而是滔滔不绝、夸夸其谈的销售人员,不仅无法得知有关客户的各种信息,还会引起客户的反感,导致推销最终失败。无论怎样,要想成为一名成功的销售人员,就应当谨记,在客户兴高采烈地谈论的时候,最好做一名忠实的听众。当你这么做的时候,你会发现客户已大大提升了对你的认同度。

一般情况下,只要有一个谈话的机会,大多数人都不太愿意听别人说话,而是喜欢让别人听自己说话。还有一种常见的现象,大多数人喜欢谈和自己有关的事,而不是和对方有关的事情。

可是在推销过程中,绝大多数的时间是销售人员在说,客户只有很少量的说话时间。因此,这样的销售人员总是业绩平平。而那些经验丰富的销售人员,通过实战总结出了一条规律:如果你想提高业绩,就要将听和说的比例调整为7∶3,即70%的时间让客户说,你倾听;30%的时间由你用来发问、赞美和鼓励客户说。

倾听是开启客户心扉,打开销售之门的一把金钥匙。在销售中,"听"有时比"说"更重要。

听得越多,越容易成交

在和客户的谈话过程中,会听是很重要的一环。这是博得客户好感的一个秘诀。遗憾的是,不少销售人员急于推销商品,把对方讲的话都当成耳边风,而且总是迫不及待地在交谈中问问题或打断对方的话,或申述自己的观点。这些都是不适当的。欲速则不达。如果想使交易成功，客户滔滔不绝地讲话时就是成功到来的有利时机，你应该为此高兴，立刻提起精神来听，并不时兴趣盎然地说："后来呢？"以催促对方继续往下说，要用好像听得出了神的样子去倾听对方的谈话。

对于喜欢说话的客户，销售人员只要洗耳恭听，他就会笑容满面，高兴得不得了。在这种情况下，当对方关住话匣子时，紧接着很可能说："就这么决定了，我们签协议吧！"即使签不了合约，他也会很高兴地等待着您的下一次来访。

就一般的交谈内容而言，并非总是包含许多有用的信息。有时，一些普通的话题对你来说可能没有什么实际意义，但客户的谈兴却很浓。这时，出于对客户的尊重，你应该保持足够的耐心，听客户说下去，切记不要流露出厌烦的神色。

专家统计结果显示，一个人的说话速度大致在每分钟120~180个字之间，而人的大脑思维的反应速度却要快得多。所以，在现实中往往会遇到这种情况，很可能客户还没有将话说完，或者客户只是说出了其中几句话，而你就已知道了他的全部意思。这时，由于已经了解了对方的意图，思想也就随之放松了，这种细微的心理变化在你的外表上又往往会表现为一些心不在焉的下意识动作和神情，以至于对客户接下来的言语"充耳不闻"。

而当客户突然问你一些问题和请教你的见解时，如果你一愣神，或者答非所问，客户就会感到十分难堪和不快，觉得自己是在"对牛弹琴"，从而就会对接下来双方的沟通工作产生不利的影响。

在与客户接触时，越是耐心倾听客户的意见，成交的可能性就越大，因为聆听是褒奖客户谈话的一种方式。对于同一销售人员来说，听客户谈话应做到像自己谈话那样，始终保持饱满的热情与良好的精神状态，并时刻专心致志地注视着客户。当然，如果你确实觉得客户讲得淡而无味、浪费时间的话，可以巧妙地提一些你感兴趣的问题，以此转移对方的谈兴。但是，要注意绝不能随意打断客户的话，应当让他心平气和地讲完，即使他的意见不是新的或不符合实际情况，也要听下去。

把"独角戏"变成"二人转"

作为一名销售人员，你可以滔滔不绝，可以口若悬河，但是一定要给客户说话的机会。我们常说："听比说更重要。"是的，耐心地听对方说话，这不仅是一个人自身修养和素质的体现，更是对客户的重视和尊重。

聪明的人会发现，一旦你成为说话主角，你不但不会变得主动，反而会变得更加的被动。因为你一直在唱"独角戏"，没有给客户说话的机会，从而忽略了客户内心真实的想法。不明白客户的真实想法，我们又如何对症下药呢？

有一个中年人，不喜欢自己年老的父亲娶来的继母。感觉这个女人并不是真的爱自己的父亲，只是为了父亲的钱才和父亲结婚。他对很多人说了自己的想法，很多人也信以为真。不久，他说的话也传到继母的耳中，好几次继母都想在他面前把事情讲清楚，可是，他从来不给继母任何解释的机会。

后来，他的父亲去世了，他就离开了原来的家，和妻子、儿子搬到城里居住，从此再也不理那个让他讨厌的继母了。但是继母没有怪他，而是一直给他打电话，让他回老家一趟。可他总是以"太忙"为借口来推辞继母。他的妻子也劝他，让他去看看继母，毕竟是陪父亲走了几十年的女人，也算得上是自己半个母亲。他认为继母让他回去的目的，无非是为了向他要赡养费，于是就让人捎了些钱回家。

可是他的继母说她不需要钱，哭着求人帮忙打电话让他回去，但是，他铁了心，一直没有回家。他认定继母是缠上他了，嫌自己给的钱太少，于是从心里更加厌恶继母。

他决定彻底摆脱自己的继母。所以，买房子的时候，就特意买了顶层，他认为这样他的继母就爬不上来了，反正她这个乡下老妪也不会搭电梯。

但是，有一天，他的老继母还是找上门来了，他开门的时候，老继母上气不接下气地倒在门口，看到他的一瞬间，她笑了，她拿着一张存折对他说："孩子我对不起你，我是你的亲妈，但是在你小的时候，没有尽到抚养你的义务，这存折里有十万块钱，我老了，用不着，你留着给孩子读书用吧。"说完，继母就晕倒在地上。他赶紧把继母送往医院，但是一切都晚了。

后来，他听知情的人说，这个继母其实是他的亲生母亲。他以前的母亲是父亲的第一个老婆，因为没有生育能力，父亲就和其他的女人生了一个儿子，儿子出生后，那个女人就从此消失了。父亲一直感觉自己对不起这个女人。当自己的第一个老婆去世之后，父亲就决定把这个女人接回来，然后和她一起度过自己的余生，这个女人就是他现在所谓的"继母"。

为了不打乱儿子正常的生活，父亲并没有告诉他事情的真相，希望他能够从母亲对他的态度上悟出什么！而他这个儿子却枉费了父母的一片真心，最后也只能带着无限的忏悔和遗憾度过自己的余生。

试想一下，如果他不那么固执，如果他给继母一个与他说话的机会，如果他肯听继母的哪怕一句话，他就不会为自己的人生留下如此的悔恨！

在现实生活中，无论是你的亲人、朋友或是自己的客户，我们都应该给他们一个说话的机会，只有学会冷静地对待问题，你才能知道事情的真相，才能了解别人内心真实的想法。

不给别人说话的机会，你永远不知道对方想说什么，更不知道他内心真正的想法和需求，自然也就拿不到订单！

让客户多说，自己多听

一次，美国最大的汽车制造公司之一正在洽谈订购下一年度所需要的汽车坐垫布。有三个重要的厂家已经做好了垫布的样品。这些样布都已经得到了汽车公司高级职员的检验，并发通告给各厂家，他们的代表可以在某一天以同等条件参与竞争，以便公司确定最终的供应商。

其中一个厂家的业务代表皮特先生在抵达时，正患有严重的喉炎。"当我参加高级职员会议时，"皮特先生在我班上叙述他的经历时说,"我嗓子哑了。我几乎发不出一点声音。我被领到一个房间,与纺织工程师、采购经理、推销经理以及该公司的总经理当面会晤了。我站起来想尽力说话,但我只能发出嘶哑的声音。"

"他们都围坐在一张桌子边上。所以我在纸上写道:'各位,我的嗓子哑了,我不能说话。'

"'让我替你说吧。'对方总经理说。他真的在替我说话。他展示了我的样品,并称赞了它们的优点。于是,围绕我的样品的优点,他们展开了一场热烈的讨论。由于那位总经理代表我说话,因此在这场讨论中,他站在我这一边,而我在整个过程中只是微笑、点头以及做几个简单的手势。

"这个特殊会议的结果是,我得到了这份合同,和对方签订了50万码的坐垫布,总价值为160万美元——这是我曾获得的最大的一个订单。

"我知道,如果我的嗓子没有哑,说不定我就会失掉那份合同,因为我对于整个情况的看法是不同的。通过这次洽谈,我很偶然地发现,让客户多说话是多么有益!"

在沟通交流中,销售人员应该让客户多说,自己多听,并保持适当的沉默。

其实,倾听中的沉默也并不是什么新奇的方法。早在两千年前,西塞罗就说过:"沉默是一门艺术,雄辩也是。"但是现在"听"的艺术却往往被人们忽略了。真正的好听众少之又少。

雄辩是一门艺术,沉默也是。成功销售的捷径,就是把你的耳朵借给别人,而不是把你的嘴巴借给别人。

扮演好听众的角色

所谓"善言者亦善听之",意思就是听与说两者是同样重要的。销售人员除了当一位说明者外,也同时要担任听众的角色,用心聆听客户说话。

若是单方面的喋喋不休,让对方陷入不满的境地,很可能会使对方感觉疲倦,甚至会产生一种强烈的反感,使本来有望成交的订单流失。

推销员:"先生,通过观察贵厂的情况,我发现你们自己维修所花的费用比请我们干还要多,是这样吗?"

客户:"我也认为我们自己干不太划算,我承认你们的服务不错,但你们毕竟缺乏电子方面的……"

推销员:"对不起,请允许我插一句……有一点我想说明一下,任何人都不是天才,修理汽车需要特殊的设备和材料,比如真空泵、钻孔机、曲轴……"

客户:"是的,不过,你误解了我的意思,我想说的是……"

推销员:"我明白您的意思。就算您的部下绝顶聪明,也不能在没有专用设备的条件下干出高水平的活来……"

客户:"但你还没有弄清我的意思,现在我们负责维修的伙计是……"

推销员:"现在等一下,先生,只等一分钟,我只说一句话,如果您认为……"

客户:"你现在可以走了。"

上述案例中,推销员几次三番打断客户的述说,这是推销中的一大禁忌。如果采用上述这种对话方式，推销是根本没有成功的希望的。

一个合格的推销员懂得让客户充分地表达他们的异议，即使你知道他下一句要说什么，也不要试图去打断他。对客户要有礼貌，要认真听他说，并做出适当反应，给予巧妙的而非狡诈、装腔作势的回答。没有一个客户喜欢那种自作聪明的推销员，除非推销员表现出对客户的话语及其观点感兴趣，否则他永远也不会赢得客户的好感与信任。

总之，销售人员不应该只是一个演说者，还要适时扮演听众的角色，并且还要用心去倾听客户的倾诉。唯有如此，才有可能晋升为一流的推销员。

耐心地去听客户倾诉

有时候，在客户面前认真倾听比一味地说，效果要好得多。耐心地倾听客户的谈话，会给客户留下良好的印象。在客户说完之前，切勿打断他们的谈话。要给客户充分的发言时间，这样才能使得客户感觉自己受到了尊重，自豪感也就油然而生，进而会更加信任、更有好感。

善于倾听，对销售人员来也是一项必备的基本素质，是一种行之有效的销售技巧。

倾听可以让客户有效地释放压力，排除内心的苦闷。

倾听对于客户来说不仅仅是一种礼貌，更是一种尊重。

倾听会让自己成为一个受欢迎的人，更易于赢得客户的欣赏。

倾听可以帮助你化干戈为玉帛，有效地化解双方的分歧与矛盾。

倾听可以让你真正了解客户的想法，从而把握沟通的主动权。

销售人员要想成为一名合格的倾听者，要注意以下几点：

1. 耐心倾听客户的谈话，及时回应客户

作为销售人员，能够耐心倾听客户的谈话，就等于是在告诉客户，你是一个值得我倾听你讲话的人。这样，在无形之中就能让对方感觉受到了重视，从而使双方的感情交流更为融洽，并为最后的成功销售创造一种和谐融洽的气氛。

耐心地倾听必须是全神贯注地听，并辅助以适当的表情、动作或简短的回应语句，这样才能激起客户继续谈话的兴趣。如果客户在倾诉的过程中，得不到销售人员的回应，就会失去继续谈下去的兴趣，如能得到回应，就表明他的谈话正受到关注，从而有兴趣与你继续沟通和交流，销售人员也就可以获得更多的客户需求信息。

2. 不要轻易打断客户的谈话

倾听实际上是留给客户谈话时间，认真倾听的态度会给客户留下良好的印象，所以在对方的谈话未完成之前，不要随意打断客户的谈话或插嘴、接话，而且更不能不顾客户的喜好，谈论别的话题。

3. 集中注意力，积极思考

在倾听客户的同时，也要注意积极地思考，既要注意客户的谈话内容又要关注他的谈话方式与语气。这样就不会因为没有足够的分析和思考而草草地对客户的谈话下结论了。

4. 注意倾听时的礼节

良好的倾听礼节既可以显出自身的涵养，又能表达出对客户的尊重。

例如，身体略向前倾，表情自然；在倾听过程中，保持和客户视线的接触，不东张西望；表示赞同时，点头、微笑等，这些都需要销售人员在实践中不断地学习、积累。

此时无声胜有声

通常情况下，人们会认为能说话、会说话是口才。殊不知，有时候不说话、保持沉默也是一种口才，甚至这时不说话比说话的效果还要好。

美国大发明家爱迪生在发明了自动发报机之后，他想卖掉这项发明，然后用这笔钱建造一个新的实验室。因为不熟悉当时的市场行情，所以不知道自己的发明到底能卖多少钱，于是，爱迪生便与夫人米娜商量。但是米娜也不知道这项技术究竟值多少钱，她一咬牙，发狠心地说："就要2万美元吧，你想想看，一个实验室建造下来，至少需要2万美元。"

爱迪生笑道："2万美元，太多了吧？"米娜见爱迪生犹豫不决的样子，说："我看能行，要不然，你卖时先套套商人的口气，让他先开价，然后看情况再说。"爱迪生想了想，觉得这种方式比较好，就决定试一试。

当时，爱迪生已经是一位小有名气的发明家了。一位美国商人，在听说这件事情后，表示愿意买爱迪生的自动发报机制造技术。在双方商谈时，这位商人问到了价钱。因为爱迪生一直认为2万美元的要价太高了，所以不好意思开口，于是只好沉默不语。

这位商人几次追问，爱迪生始终不好意思说出口，他想等他的爱人米娜下班回来后再说。但是，最后商人却没有耐心了，说："那我先开个价吧，10万美元，你看怎么样？"

这个价格大大出乎了爱迪生的意料，爱迪生感到大喜过望，当然在表面上他并没有表现出来，反而面带难色，说要等自己的妻子回来再商量一下。商人一看这种情况，担心夜长梦多，于是对他软磨硬缠，爱迪生一看时机差不多了，便顺势与对方签了交易合同。

后来，爱迪生对她妻子米娜开玩笑说："没想到晚说了一会儿就多赚了8万美元。"

确实是这样，我们总是不愿意在接受别人批评的时候保持沉默。事实上在我们人生的很多关口，譬如面对一个难以说服的客户，面对一个据理力争的争论，面对一个强词夺理的上司等情况下，我们完全可以保持适当的沉默，沉默可以给对方和自己都留余地，沉默甚至可以使局面发生翻天覆地的逆转。

沉默就是力量，在某些情况下，沉默比什么技巧都有效。

销售倾听有法可循

千万不要忘记,那个正在与你谈话的客户,只会对他自己、他的需要、他的问题最感兴趣,这要比对你及你的问题胜过上百倍。

你能否成为优秀推销员,最关键的还是看在实践中的表现。这才真正关系到我们成功与否,所以我们一定要注意以下几个方面的问题。

1. 耳到、眼到、心到、脑到

这里所指的倾听,不仅仅是用耳朵去听,也包括要用眼睛去观察对方的表情与动作,用心去为对方的话语做设身处地的考虑,用脑去研究对方话语背后的动机。倾听就是在做到"耳到、眼到、心到、脑到"的前提下,综合地去听。

倾听客户的讲话要集中注意力,细心聆听对方所讲的每个字,注意对方的措辞及表达方式,注意对方的语气、语调、面部表情、眼神动作等,所有这些都能为你提供线索,去发现对方一言一行背后所隐含的内容。

例如,在销售沟通中,我们常常听到这样的说法:"顺便提一下……"说话的人试图给人一种印象,似乎他要说的事情是突然想起来的。但是,你要明白的是,他要说的事情恰恰可能是非常重要的,先说这么一句,显得漫不经心,其实不过是故作姿态而已。所以,当你发现一个人常用诸如"老实说""说真的""坦率地说""真诚地说"等类似的一些词句的时候,往往就是此人既不坦率,也不诚实的时候,这种词句,只不过是一种低劣的掩饰罢了。

2. 抛弃先入为主的观念

只有抛弃那些先入为主的观念，才能耐心地倾听客户的讲话，才能正确理解对方讲话所传递的信息，从而准确地把握对方话语的核心，才能客观和公正地听取、接受对方的疑惑与不满。

3. 控制好自己的言行

在倾听对方时，最难也是最关键的技巧，就是要约束、控制好自己的言行。通常人们都喜欢听赞扬性的语言，不喜欢听批评、对立性的语言。当听到反对意见时，总会忍不住要马上反驳，似乎只有这样，才能说明自己有理。还有的人过于喜欢表现自己，这都会导致与对方交流时，过多地讲话，或打断别人的讲话。这不仅会影响自己的倾听，也会影响对方的谈兴和对你的印象。所以，在与客户的沟通中，一定不要轻易插话打断对方的讲话，也不要自作聪明地妄加评论。

4. 尽量创造倾听的机会

要想营造一种较为理想的谈话氛围，并鼓励客户谈下去，再谈下去，作为倾听方，就需要采取一些策略。

第一，要善于鼓励。倾听对方的阐述需要做好相应的准备，否则，倾听时心不在焉，会让对方觉得你根本就没听，从而会让对方感到不愉快，也会觉得你欠缺合作的诚意。因此，在倾听时一定要给对方造成一种心情愉快、愿意继续讲下去的氛围，其基本技巧之一，就是用微笑、点头、目光等赞赏来表示对客户的呼应，来显自己对客户谈话的兴趣，从而促使对方继续讲下去。

第二，要善于表示对客户的理解。试想一下，如果在推销谈判中,你侃侃而谈了半天,而对方却一点儿听懂或弄明白了的表示都没有,那么你还有兴致谈下去吗?所以,不妨设身处地地为对方考虑一下,在推销谈判中,当你充当"倾听者"时,一定要注意以"是""对"等答话来表示自己的肯定,在对方停顿下来的时候,也可以用简单的话语来指出对方的某些观点与自己一致,或运用自己的经历、经验来说明对讲话者的理解。有时,还可以适当复述对方所说过的话,这些表示理解的方式都是对讲话者的一种积极呼应。

第三,要善于激励客户讲下去。有时候,适当地运用反驳和沉默,也可以激励客户继续谈下去。当然,这里所说的反驳并不是指轻易地打断对方的讲话或插话,而是当对方征求你的意见或稍作停顿时,对其进行适度的反驳。另外,根据具体的谈判情况,你也可以保持适当的沉默,因为沉默有时也不等同于承认或忽视,它可以表示你在思考,是重视对方的意见,也可能是在暗示对方让他们转变话题。

5. 有鉴别地去倾听

有鉴别地去听必须要建立在专心倾听的基础上,因为不用心听,就无法鉴别出客户所传递出来的信息。例如"太贵了",这几乎是每一位客户的口头禅,言外之意就是"我不想出这个价",而不是"我没有那么多钱"。如果不能辨别其背后的真正含义,往往就会错把客户的借口当做反对意见而加以反驳,从而很容易激怒客户,同时也让客户找到了为自己进行辩护的借口,也就会在无形中增加了推销的阻力。

所以,只有对客户的谈话内容进行恰当地鉴别,才能摸清客户的真实意图,而只有在掌握了客户真正意图的基础上,才能更有效地调整谈话策略,从而对客户进行更有针对性的说服工作。

6. 不要因急于反驳客户而结束倾听

即使是在已经明了客户真实意图的情况下,也要坚持听完对方的阐述,而不要因为急于纠正客户的观点而打断对方的谈话。即便是根本不同意客户的观点,也要耐心地听对方讲完。因为,听得越多,就越容易发现客户的真正动机和主要的反对意见,从而有针对性地调整自己下一步的销售策略。

用心倾听客户的每句话

有人说,人之所以长两只耳朵、一张嘴,就是为了让人们少说多听。这种说法虽没什么科学依据,但"少说多听"还是十分有现实意义的。

一个好的销售人员首先必须是一个好的听众,许多销售人员在推销商品时,常常错误地认为只有滔滔不绝的谈话才是真正的推销,才能显示出自己的伶牙俐齿,只有在自己说得多,客户说得少的情况下,自己才能掌控住推销的局面。殊不知,善于倾听也是一种最高明的推销艺术。

"听"是一门艺术,这种艺术的首要原则,就是要集中精力、全神贯注地听取对方发表高见。这是对客户的一种最起码的尊重,同时也是你获取信息的重要途径,对此绝不能掉以轻心。

没有什么比销售人员在向客户推介产品时,对客户不够注意和重视更糟糕的。可以想象，如果你在会见某个客户，当他说话时，你的注意力却不集中；或者是在客户的办公室里，他说话时你总是在东张西望；或者当你和客户共进午餐时，你总是目不转睛地盯着某位漂亮的女服务员，而对他的话置若罔闻。你这样做的直接后果就是给客户造成了这样一种认识——客户在你眼里一点也不重要。如果真是这样的话，那么你确实应该调整自己的行为了。

如果你想让客户反感你、讨厌你，那么最好的办法就是在对方谈话时，报以一种无所谓、漫不经心的态度。但是我们相信，任何一个理智的销售人员都不会这样去做。既然这样，那么对于客户的倾诉，你就必须用心去听。

用心去听并不是让你一言不发，在恰当的时候，你还应该用适当的语言来激发他继续讲下去。

第10章

妙语拆异议
——绝对成交的化解异议话术

推销一般都从拒绝开始,一个成功的销售员绝不会第一次听到客户说"不"就放弃进攻,他是起码应该在听4次"不"以后,才可以做稍许退让。

——弗兰克·贝特格(美)

我知道每一次推销失败,都将会增加我下次成功的机率;每一次客户的拒绝,都能使我离"成交"更进一步;每一次对方皱眉的表情,都是他下次微笑的征兆;每一次的不顺利,都将会为明天的幸运带来希望。

——汤姆·霍普金斯(美)

预防是异议的挡箭牌

长期从事销售活动的人都会发现，不管你如何细心和全面，客户肯定会对产品提出某些特定拒绝。

因此，有些销售人员事先预测到客户会提出的一些拒绝及其内容，并抢先在客户开口前进行处理与解释等，就可以先发制人，起到预防客户拒绝的作用。而且，此法可以缩短销售洽谈过程，节省时间，促进成交。

预防处理法有其独特之处。它可以使销售人员处于主动地位，可以令销售人员在客户面前表现出信心，它不仅可以预防客户可能会公开提出来的拒绝，更有利于消除不公开的拒绝。隐藏的购买拒绝，往往是客户购买的主要障碍。如果销售人员能事先给予预防，就可以有力地促进客户的购买，为顺利成交创造良好的条件。所以说，预防是较好的客户拒绝处理法。

但是，预防在实际操作上比较难以应用。

首先，如果销售人员进行预先处理，即自己提出拒绝，然后给予解释与反驳，万一语气与用词不当，就会使销售人员的销售形成咄咄逼人之势，使客户感到心理压力加大而无法忍受。如果客户因此而在心理上筑起抵触的防线，成交将变得没有希望。

其次，销售人员抢先提出一些拒绝的理由，其中有客户没有意识到的无关拒绝，会使客户失去购买信心，会形成拒绝的传染与扩散，抢先处理成了授人以柄，使客户有了拒绝成交的有效理由。

因此,预防客户不满时应注意以下问题:

(1)销售人员必须作好充分准备。

(2)销售人员必须转化自己提出的拒绝,以防止客户提出新的购买拒绝。

语气平和地处理客户的异议

推销员:"先生您好!昨天您来看我们公司新出产的病床,我想了解一下,你觉得这批床怎么样,适合您的医院吗?"

客户:"一些功能挺好的,只是我觉得这床太硬,病人会不喜欢的。"

推销员:"硬吗?这种类型的床还是硬一点好。"

客户:"对病人来说,并不要求太软的床。但它真的太硬了。"

推销员:"您怎么过了一天就说这床太硬了呢?昨天您还说挺合适的啊。"

客户:"不适合,我觉得各个方面都不符合我们的选择标准。"

推销员:"可是这种床是专为您的这批腰肌劳损的病人设计的啊。如果有这种床,他们会更舒服的。"

客户:"我们有专门的采购部,我们会处理这个问题。"

推销员:"你们的采购部并不可靠,他们哪有我们的专业设计人员懂得多啊。"

客户:"哦,那再见吧。"

推销员:"你这个人怎么这样呢?"

销售人员应该吸取上面例子中的教训，拿出真诚和耐心，心平气和、语气委婉地和客户沟通，才会让推销变得顺利。

客户永远是对的，这是每个销售人员都要牢记的话。但怎样才能避免和客户起争执呢？

1. 冷静分析客户的异议

如果客户的观点和你的观点相抵触，你就要判断这种异议产生的原因，并认真倾听客户的异议，从这些异议中获得更多的信息，然后再根据这些信息作出判断和应对。

有时客户提出的异议虽然很刺耳，但并不是他们真正在意的地方。因为任何产品都不是十全十美的，客户对产品挑剔也是情有可原的。对客户不在意的异议，如产品的款式和色彩等，销售人员大可不必放在心上，一言带过即可。如果客户提出的异议是真实的，表明客户确实对产品的某些功能不太满意。销售人员就要有意强化产品的优点，来冲淡产品的缺点。如果客户对产品不满意的地方过多，销售人员就应该向客户介绍一些别的型号的产品。

2. 让客户多说

客户有异议时，如果销售人员拒绝倾听客户的异议，或者妄加揣测，自行处理，就会引起和客户的争执。因此销售人员要多听客户的意见，进一步判断客户的需求。

其实让客户多说，本身就是给客户一个发泄的机会，销售人员不但可以了解客户的真实想法，还可以平息客户的某些不愉快的情绪，这样双方再沟通起来就简单多了。

相反，如果客户还没有说多少话，销售人员就赶紧表态，说出一大堆解决问题的办法，这些办法可能与客户的意见相左，不仅因为打断客户的讲话而让客户感到生气，还会向客户透露更多的信息。当客户掌握了这些信息后，销售人员就处于不利的位置。如果客户不愿意购买，他就能找出更多的拒绝理由；如果客户愿意购买，他就会拿这些信息做筹码，来压低成交价格。

3. 语气不要太生硬

销售人员在遣词造句上要特别注意，尽量回避一些生硬的词语。在对客户说话时，也要注意态度诚恳，客户是上帝，切勿伤害了客户的自尊心。

如果客户所说的话是错误的或不真实的，销售人员也要尽量避免直接反驳客户。如果客户所说的话是无关紧要的，销售人员可以一笑置之，不予理会；如果必须反驳客户的理由，尽量采用间接反驳的方法，先肯定客户的部分观点，然后再反驳问题的本质。尽量照顾到客户的接受程度和自尊心。

不论客户如何批评销售人员，有理由的还是无理取闹的，销售人员都不应该和客户发生争执，因为争辩不是说服客户的好办法。与客户争辩，失败的永远是销售人员。

当然，这样做并不是说客户永远是对的，为了避免争执，就要忍气吞声地放弃原则和利益，迁就客户的无理要求，要换一种方式妥善地解决问题。

例如，一位客户想退掉一件刚买的特价衣服，但商场规定这种衣服是不能退货的。这时，销售人员可以这样对客户说："我们商店有统一规定，特价商品是不能退货的。不过，我可以去请示一下经理，看他能不能给您特殊处理。"

当客户听到"特殊处理"这四个字时，会对销售人员产生一种好感。如果经理不同意退货，客户也会认为销售人员已经尽了力，就不会再难为销售人员；如果经理同意退货，客户会认为自己受到了特殊待遇，心中更会对销售人员充满感激。

否定异议要给客户面子

销售过程中，当客户的异议来自于不真实的信息或者误解时，销售人员可以使用直接否定法，这样可以直接纠正客户对问题的看法，从而消除异议。不过，在直接否定客户看法时，销售人员一定要注意语气和措辞，因为直接否定客户是一种危险的方法，处理不好就会让客户恼羞成怒，直接离去。

大多数情况下，直接反驳客户，容易使气氛紧张，使客户产生敌对心理，不利于客户采纳销售人员的意见。但是，如果客户的反对意见是产生于对产品的误解时，而你确信自己有能力说服客户，你不妨直言不讳。但在反驳客户时，一定要注意用友好而温和的态度，能注意维护客户的面子。最好是能够引经据典，以绝对优势来说服客户，这样可以让客户感到你对产品的信心，从而增强客户对产品的信心。

客户："我不会跟你们合作的，因为贵公司经常延迟交货，简直是糟糕透顶。"

销售人员："孙经理，您这话恐怕不太确实吧？在我接触的客户中，还没有客户这样讲。他们都认为本公司的信誉是很好的，在行业内也是有口皆碑的。你这么说，可否举出一个实例？"

在这个案例中,这样的问题是必须直接反驳的,因为"延迟交货、不守信誉"是异议的重点,如果真有此事,客户必然能够拿出证据,但如果客户的说法只是传言,并无实在的证据,客户便无言以对,异议的问题也就得到了解决。

直接反驳客户异议时,销售人员应该注意以下几点。

(1)态度要委婉。直接反驳客户的异议,必然会在一定程度上引起客户的不快,为了避免触怒客户,销售人员应该真诚,语气要诚恳,面带微笑,切勿怒言斥责客户或者挖苦客户。下述销售人员的一段话显然不妥:"如果贵公司坚持这个价格的话,请为我公司的员工准备过冬的衣服和食物,总不能让我们的员工饿着肚子、瑟瑟发抖地为你们干活吧。"

(2)对事不对人。在直接反驳客户时,最忌讳的就是伤害客户的自尊。在销售人员委婉说话时,要考虑客户的感受,并尽量把反驳意见针对事情本身,而不要针对客户,这样可以尽可能减少客户不良的心理感受。

(3)针对性询问。如果客户的异议是以问话形式提出的,运用直接反驳法还是比较好的,这样容易给对方一个肯定自信的感觉,而且因为对方是问话形式,所以在语气上并不会给对方造成多大的心理伤害。

用间接反驳代替直接反驳

直接反驳客户,容易使双方谈话氛围僵化而不友好,虽然可以说服客户，但容易使客户产生敌对的心理，不利于客户接纳销售人员的意见和建议。如果可能的话，销售人员应尽量采用间接反驳法来代替直接反驳。

间接反驳客户，指的是销售人员在听完客户的异议后，先肯定对方异议的某一方面，再陈述自己的反对意见，这种方法又叫做迂回否定法。

例如，客户说："你们这个项目，并不如你说得那么完美，其中存在不少的漏洞。"如果销售人员直接反驳："孙经理，你错了。你根本没有听明白我的意思。"必然会引起对方的不快，给对方造成心理压力。如果销售人员说："孙经理，您说得对，一般客户在看待这个问题时，会有和您相同的看法。即使我自己，也会这样想。但如果仔细想一想，再深入研究一下，您就会发现……"这样对客户说，就容易扭转客户的想法，逐渐让客户同意你的说法。

使用间接反驳法，可以采用以下两种方法：

1. 转化异议

这种方法指的是利用客户的异议为说服客户购买的理由，虽然也是反驳，但表达感觉上不容易被客户注意，而是直接转入问题。例如，客户说："很抱歉，我财力有限，现在没钱购买。"销售人员："孙经理，可不要这么说，我想正因为财力有限，现在才是更好的机会。现在房价上涨得这么快，能赶早就不赶晚啊。"

2. 肯定形式，否定实质

每个人都渴望被理解和认同，间接反驳客户，可以先从对方的意见中找出彼此同意的内容，予以肯定，产生共鸣。之后，再借势说出你的不同看法。这里肯定的只是次要的部分，否定的是问题的本质，但容易被对方接受和认同。

把反对问题转化成一个问题

10本书分开放和叠在一起，哪个看起来多？当然分开放感觉上多，这是人的视觉印象。3个问题转化为一个问题，哪种想起来烦？当然是3个。3个问题心理上压力大，这是人的心理错觉。当客户说：

"我觉得保险不好。"

"理赔不干脆。"

"我没钱。"

问题不少，让推销员一头雾水，而客户本身也自以为："这么多问题存在，我不买保险是有道理的。"

有经验的推销员就会指出：

"保险不是不好，是您找错推销员了；理赔不是不干脆，而是文件不齐。其实您真正的问题只有一个，就是'钱'。您想吃饭，没钱就不吃吗？您想买房子，钱不够就不买吗？不是的，关键在您是不是觉得这东西对您很重要？如果重要，您就会设法筹钱，对不对？"

把一堆问题转化成一个问题，问题就好解决了，这是应付拒绝的绝招。

利用周围事物化解客户的异议

为了更好地化解客户的异议,不妨多多利用客户周围的事物作为题材,一般人都有一个共同的心理,与自己无关的事终究是他人之事,很少会付出真正的关心;但是一旦事关自己,则已心大乱!

客户:"我家小孩根本不爱念书,买了也没用!"

销售人员:"如果做妈妈的都放弃的话,还有谁来关心孩子的作业呢?那盆茉莉开得真漂亮,是您种的吧?"

客户:"是啊!"

销售人员:"每天都要浇水吧!您对一盆花都那么爱惜关心,为何会对孩子的事不管呢?孩子也跟花一样,花需要浇水施肥才会开得漂亮,否则很快就枯死了。同样的,孩子也需要有人细心呵护,不断供给养分,如果因为孩子不爱念书就不买书给他,那孩子只会更不想念书,您说是吗?"

下面还有一个例子。

客户:"资质差再用功也没有用!"

销售人员:"李太太,您戴的金戒指款式真别致,黄金这种东西原本是以颗粒状藏在乌黑的石头中,相信您一定也听说过,必须先将石头打碎,将其中的金砂、金粒取出,再加以淬炼才能成为纯金。人脑中也藏有无数的金砂、金粒,就看是否有人愿意助其一臂之力,加以淬炼成金,相信您一定希望自己的孩子成龙成凤,您愿意帮助他吗?"

总而言之,可利用的题材很多,以眼前看得见的物品作比喻,更具有说服力,同时也可利用亲切感改变客户执意拒绝的心意。因此,拜访前不妨事先准备一些可作为比喻的小道具,若能从客户家中、身上之物找寻出适合的题材,效果更好。

用产品长处来弥补产品短处

补偿处理法是销售人员利用产品的其他长处来对拒绝所涉及的短处加以弥补的一种处理方法。

客户:"这个皮包的设计、颜色都非常棒,令人耳目一新,可惜皮质不是顶好的。"

销售人员:"你真是好眼力,这个皮料的确不是最好的,若选用最好的皮料,价格恐怕要高出现在的一倍以上。"

当客户提出的拒绝有事实依据时,你应该承认并欣然接受,强力否认事实是不明智的行为。但要记住,你要给客户一些补偿,让他取得心理平衡,也就是让他产生两种感觉:产品的价值与售价一致的感觉;产品的优点对客户而言是重要的,产品的缺点对客户而言是较不重要的。

世界上没有十全十美的产品,当然要求产品的优点越多越好,但真正影响客户购买与否的关键点其实不多,补偿法能有效地弥补产品本身的弱点。

例如,客户嫌车身过短时,销售人员可以告诉客户"车身短能让你停车非常方便,若你是大型的停车位,可同时停两部车"。

补偿法的运用范围非常广泛,效果也很实际。它与但是处理法的主要区别在于后半部分，但是处理法后半部紧接着否定客户拒绝，而补偿处理法的后半部则是指出销售品的优点，用以弥补客户感觉的不足。它的优点首先是承认客户的观点，并没有间接否定，给人以实事求是的印象，增加了信任感；其次，通过对产品优点的突出，容易使客户得到心理平衡，让客户感到购买此产品是划算的，有利于业务进行。

但由于补偿法需要首先承认与肯定客户拒绝，又不能及时地解决，可能会产生某种负效应，以致会引发客户失去购买信心。滥用补偿法不加区别地肯定客户提出的拒绝，则可能会导致客户误会，使原本无效地拒绝演变成有效拒绝；会助长客户坚持拒绝的心理倾向，甚至会使客户拒绝增多，增加成交阻力。如果销售人员不能够让客户认识到虽然购买了一个有拒绝的产品，但在利益上能得到补偿的话，客户就不会购买。

因此，在运用补偿法时应注意以下问题：

（1）销售人员只能承认真实的有效拒绝。

（2）销售人员应该实事求是地承认与肯定客户拒绝。

（3）销售人员必须及时提出产品与成交条件的有关优点及利益，有效地补偿客户拒绝。

将计就计，以拒绝挡拒绝

将计就计是指销售人员直接利用客户拒绝进行转化从而处理客户拒绝的办法。现代营销学理论认为，客户拒绝具有既是成交障碍又是成交信号的两重性。客户拒绝提出了一个关于客户的实际问题和看法，如果能将计就计，因势利导，利用客户拒绝中正确的、积极的一面，去克服客户拒绝错误的、消极的一面，就可以促进成交。例如：

客户："价格又涨了。"

销售人员："是的，价格是涨了，而且以后还得涨，现在不进货，机会就丢掉了。"

（这是对中间商而言的，如果对最终消费客户就该说："再不买吃亏就更大了。"）

这种方法是很有效的。还比如，客户说："产品卖不出去，不敢进货了。"销售人员可以告诉他，那是因为他没有买自己所销售的产品的原因，如果买了自己所销售的产品就有了畅销货，就可以带动其他产品的销售等。

将计就计法主要是利用客户拒绝本身对业务有利的一面来处理拒绝，把客户拒绝购买的理由转化为说服客户购买的理由。

有一位销售人员向一位餐饮业老板销售"蓝精灵"餐饮无线呼叫系统。客户拒绝说："我们生意不好，还用这干吗？"销售人员回答："本系统就是为了减少你的经营成本，提高服务质量，提高营业额，提高回头率，提升企业形象的。"

我们在日常生活中也经常碰到类似将计就计的说辞。例如，主管劝酒时，你说不会喝，主管立刻回答说："就是因为不会喝，才要多喝多练习。"你想邀请女朋友出去玩，女朋友推托心情不好，不想出去，你会说："就是心情不好，所以才需要出去散散心！"这些对拒绝处理的方式，都可归类于将计就计法。

"是的，但是……"

但是处理法是指销售人员根据有关事实与理由，间接否定客户拒绝的一种处理方法。对客户的某些拒绝，如果我们直接反驳，会引起客户不快。对此，我们可先承认客户的意见有道理，然后再提出不同的意见。当客户提出拒绝后，我们可以回答"是的，不过……"，或"是的，但是……"，然后再继续说话。

这种方法是间接否定客户意见，比较委婉。如一位家具销售人员向客户销售木制家具时，客户提出："我对木制家具没兴趣，它们很容易变形。"这位销售人员马上解释道："你说得非常对，如果与钢铁制品相比，木制家具的确容易扭曲变形。但是，我们制作家具的木板是经过特殊处理的，扭曲变形的系数只有用精密仪器才能测得出。"这样一来，不仅给客户留了"面子"，而且也轻松地消除了客户的疑虑。

但是处理法适用于因客户的无知、成见、片面经验、信息不足与个性所引起的购买拒绝。使用但是处理法处理客户拒绝时，首先应表示对客户拒绝的理解，或者仅仅是简单地重复，使客户心理有暂时的平衡，然后转移话题，对客户的拒绝正面阐述我们的见解。因此，但是处理法一般不会冒犯客户，能保持较为良好的销售气氛；而重复客户拒绝并表示同情的过程，又给了销售人员一个躲闪的机会，使销售人员有时间进行思考和分析，判断客户拒绝的性质与原因。但是处理法使客户感到被尊重、被承认、被理解，虽然拒绝被否定了，但是在情感与思想上是可以接受的。用但是处理法处理客户拒绝，比反驳法委婉些、诚恳些，所收到的效果也好些。例如：

客户："这个金额太大了，不是我马上能支付的。"

销售人员："是的，我想大多数的人都和你一样是不容易立刻支付的，如果我们能配合你的收入状况，在你发年终奖金时多支付一些，其余配合你每个月的收入，采用分期付款的方式，那你支付起来就一点也不费力了。"

人有一个共性，不管有理没理，当自己的意见被别人直接反驳时，内心总是不痛快，甚至会被激怒的，尤其是遭到一位素昧平生的销售员的正面反驳时。因此，销售人员在表达不同意见时，应该尽量利用"是的……如果"的句法，软化不同意见的口语。用"是的"同意客户部分的意见，用"如果"表达在另外一种状况下是否这样比较好。

请比较下面的两种说法，感觉是否有天壤之别。

A："你根本没了解我的意见，因为状况是这样的……"

B："平心而论，在一般的状况下，你说的确有道理，如果状况变成这样，你看我们是不是应该……"

A："你的想法不正确，因为……"

B："你有这样的想法，一点也没错，当我第一次听到时，我的想法和你一样，可是如果我们做进一步的了解后……"

养成用B方式表达你不同的意见，你将受益无穷。

"是的……如果……"，是源自"是的……但是……"的句法，因为"但是"的字眼在转折时过于强烈，很容易让客户感觉到你说的"是的"并没含有多大诚意，你强调的是"但是"后面的诉求，因此，当你使用"但是"时，要多加留意，以免失去了处理客户拒绝的原意。

销售人员使用但是处理法要注意以下几个方面：

（1）明确地表示同意客户的看法，似乎是赞成的，这样就维护了客户的自尊，然后在"但是"后面做文章，用有关事实和理由婉转地否认拒绝。用这种方法可以使得客户容易接受销售人员的否定意见。

（2）销售完全可以用委婉的语言。用委婉的语气、语调阐明自己的看法，有利于创造一个和谐的洽谈气氛。

对无关紧要的异议不置可否

当客户提出一些反对意见，并不是真的想要获得解决或讨论时，这些意见和眼前的交易扯不上直接的关系，你只要面带笑容、表示不置可否就好了，这一方法通常称为忽视处理法。不少有经验的销售人员认为，大多数的客户拒绝是属于无效、无关拒绝，甚至是虚假的拒绝。尽管客户提出拒绝的原因难以捉摸，但对于无效、无关与虚假的拒绝，销售人员完全可以不予理会。

当销售人员拜访经销店的老板时，老板一见到你就抱怨说："这次空调机的广告为什么不找成龙拍？若是找成龙的话，我保证早就向你再进货了。"

碰到诸如此类的反对意见，我想你不需要详细地告诉他为什么不找成龙而找别人的理由，因为经销店老板真正的拒绝恐怕是别有原因，你要做的只是面带笑容、同意他就好。

对于这些"为反对而反对"或"只是想表现自己的看法高人一等"的客户意见，若是你认真地处理，不但费时，且有枝节横生的可能，因此，你只要让客户满足了表达的欲望，就可采用忽视法，迅速地引开话题。忽视法常使用如下方法：

微笑点头，表示"同意"或表示"听了你的话"。

"你真幽默！"

"嗯！真是高见！"

但是，忽视处理法可能会使客户因为自己的拒绝没有受到应有的重视而不满；因销售人员答非所问与故意的"冷落"而反感，甚至会产生疑心。

一般情况下客户提出拒绝，总是希望得到答复，而且拒绝亦是客户对销售的初步反应，销售人员对客户提出的拒绝采取不理睬态度，于情于理都欠妥当；更应指出的是，在销售人员看来是无关、无效与微不足道的拒绝，甚至是莫名其妙的拒绝，有时会成为或者会演变成为客户购买的主要障碍。因此，忽视处理法不可滥用。

在应用忽视处理法时应注意以下问题：

（1）忽视处理法只适用于处理无关的、无效的和虚假的拒绝。因此，销售员必须对客户拒绝进行认真分析。

（2）销售人员一定要专心并认真地听取客户提出的拒绝。不管客户提出什么内容的购买拒绝，也不管销售人员是否已打定主意对客户的拒绝采取忽视处理策略，都要认真听取客户提出的拒绝。

同时，密切注意客户的反应，注意客户在提出拒绝过程中的行为及情绪变化，从中了解客户没有表达和没有说明的拒绝根源。

第 11 章

成交每一单——绝对成交的完胜话术

挠到客户的痒处，你就有成交的希望。

——乔·吉拉德

推销时，你必须了解你的客户需要什么，他们是什么人，了解他们的付款能力，了解他们的一切。

——法兰克·贝德佳

收回承诺,吃定反悔的客户

收回承诺是指原本答应了客户以某个价格出售产品,但是过了一会就反悔,然后把价格提升上去的行为。使用收回承诺来和客户打交道的技巧,就是"收回承诺策略"。

高明的销售人员都懂得收回承诺的策略,这种策略往往可以使用在对价格非常敏感的客户身上。有些客户对砍价的行为一再地坚持,他所表现出来的坚决,连销售人员都会甘拜下风。然而,收回承诺策略能使客户最后不但接受销售人员涨价之后的价格,而且还感觉自己占了便宜。

推销人员杰克逊向一个客户推销一批小商品。刚开始时,他给客户的报价是每个3.60元,客户讨价还价为3.50元。这样反反复复地谈了很长时间,最后杰克逊表示:"3.55元,不能再低了。"

然而客户却想,从3.60元降到3.55元,要是我继续坚持,压到3.52元应该没问题。于是,他就对杰克逊说:"不用说你也知道,现在市场竞争这么激烈,和你同类型的商品到处都是,你们的生意也不容易做,我也不能贪得无厌。这样吧,每个3.52元,你让一步我也让一步,咱们俩就别再消磨时间了。有这时间和功夫你都可以再去做成好几家生意了。怎么样?我可是真心实意的,就看你的诚意了。"

杰克逊心里想:我要是答应了他的这个报价,很有可能又会引来下一轮的讨价还价,谁敢保证他不是在试探我呢?

毕竟杰克逊经历过的交易非常多了，所以他并没有立刻答应客户的报价，而是对客户说："你的这个报价，我现在不能马上答应你，得去问一问我们经理，和他商量一下，才能决定。"说完他就走进了后面的经理办公室。

很快，杰克逊就回来了，脸上露出了一丝很为难的表情："非常对不起！刚才我犯了一个错误，经理告诉我，这种商品由于采用了最新工艺，所以成本要比其他同类型的商品高，我刚才说的3.55元那是采用新工艺之前的价格，如今的单价最低也要3.65元了。实在很抱歉，你看由于我的疏忽，犯了这么大的错！"

"你说什么呢？你也别道歉了，浪费了我这么长时间，你必须给我个交代呀。我不懂什么新工艺旧工艺，总之就按你刚才说的价钱，每个3.60元，我也不跟你多说了，以后咱们合作的机会还多着呢。这样吧，一手交钱，一手交货！"客户脸上挂满了不悦。

考虑了一会儿，杰克逊才假装犯难地答应了客户的要求。客户则自以为跟杰克逊打了一场漂亮的"攻坚战"。于是，客户交了货款提了货之后，杰克逊便不动声色地离开了。

其实，事实的真相是：这批小商品采用了新工艺没错，但这指的是商品的合格率提高了，跟商品的性能没有多大的关系，跟商品的价格更没有任何关系。

在这次交易中，销售人员杰克逊采用的就是收回承诺策略。杰克逊的"收回承诺"，致使客户以为自己是这场交易中的赢家！事实上，杰克逊才是这场交易的最后胜利者。

故意冷淡，吊足客户的胃口

故意冷淡法，是指对成交表现的漠不关心，激发客户探询你的真实意图，顺水推舟达成交易的方法。

当你用漠视去面对某些客户时，这些客户会以为你手上的东西很有价值，所以才敢不重视他们，于是他们就会对你和你的产品感到好奇并产生兴趣，购买了你的东西后，还觉得自己占了便宜。

那么，这样的客户是什么样的呢？这一类客户，往往是恃才而傲，自以为无所不知、无所不晓、无所不能的人。在这种人看来，根本不用什么销售人员就可以买到最好的商品，因而他们觉得根本没必要与什么销售人员打交道，他们还一直认为销售人员是一种多余的角色。

对待这种类型的客户，当你和他们交谈时，你可以表现出一种客气的态度，在这种客气之中，你要包含一种对成交是否成功漠不关心的神情，就好像你根本不在意这件事一样，故意形成"卖方市场"的情形。

于是乎，这类客户心里就会非常想知道你为什么会胆敢那么漠视他们。要知道，他们这种人总认为自己是一个非常了不起的人物，无论去到哪里都应当受到别人的尊重和关注。现在你居然对他们态度冷淡，他们自然会感觉恼怒，然后十分想去了解你对他们冷漠的原因，进而对你和你的产品产生好奇和兴趣，最后以购买你的产品而告终。

在推销过程中，当你遇到这种类型的客户时，你可以用类似于这样的语气和他们交流:"尊敬的先生,您大概不知道,我们的产品并不是随随便便地对任何人都进行推销的,否则会影响我们公司的声誉!"

当他们感到很讶异时,你可以接着这样说:"我们公司只对特殊的客户服务,对客户和服务项目都要经过严格的核查和选择。"

你可以继续这样说:"在选择推销对象上,首先我们要求客户必须符合一定的条件。话又说回来,能符合这种条件的客户不是很多,而您恰恰是这些为数不多的客户中的一位。"

让客户消化一下你的话后,你可以稍微对他谈及一点生意上的事情:"如果您想了解我们对客户的服务事项,我们可以提供一些资料给您。"

但要记住的是,即使客户同意了你的意见,并表示出了想购买的意愿,你仍应装出一种满不在乎的态度,要让客户觉得做成这笔交易,对他更有好处,他不买你的东西是他的损失而不是你的损失。

有时候,对待某一类客户,你不能对他们表现出热情,反而要对他们不重视,故意冷淡。这样,他们反而会重视你,对你感到好奇和兴趣,进而对你的产品感兴趣,最后购买你的东西。

避重就轻,成交四两拨千斤

避重就轻成交法,也叫做小点成交法,就是不围绕主要焦点,在周边问题上与客户取得一致的意见,或者在核心交易的谈判陷入僵局时，在次要的交易上与客户达成协议，达到循序渐进地影响和引导客户最终完成交易的目的。一般而言，在销售过程中遇到了阻力或者困难时，销售人员采用这种方法可以逐步突破阻力或者困难，促使客户下定决心签单。

某办公用品销售人员到某公司的办公室去推销碎纸机。

该办公室主任在听完产品介绍后，摆弄着样机，自言自语地说："东西倒是挺合适，只是办公室这些年轻人毛手毛脚的，只怕没用两天就坏了。"

销售人员一听，马上接着说："这样好了，明天我把货运来的时候，顺便把碎纸机的使用方法和注意事项给大家讲讲。这是我的名片。如果使用中出现故障，请随时与我联系，我们负责维修。主任，如果没有其他问题，我们就这么定了？"

办公室主任听了这话，觉得有道理，便与销售人员签订了订单，让销售人员尽快把产品送到公司来。

在该事例中，销售人员巧妙地使用了避重就轻的交易技巧。本来客户方最担心的是购买该产品后"这些年轻人毛手毛脚的，只怕没用两天就坏了"，销售人员却巧妙地回避了这一点，把话题的重点转移到了"把碎纸机的使用方法和注意事项给大家讲讲……如果使用中出现故障，请随时与我联系，我们负责维修"。就这样，销售人员不知不觉地消除了客户的顾虑，促使客户下决心购买了产品。

销售过程中，当核心交易额太大或者买卖双方意见分歧较大时，就可以从配件、小批量交易或者交易的较次要因素，如款式、付款方式、维修等方面与客户达成一致。一旦客户与销售人员达成了一致意见，就往往容易作出签单购买的决定。

在促成订单的诸多技巧中，避重就轻成交法是一种有效地突破销售障碍，排除销售过程中一切不利因素，最终获得订单的技巧。

当然，销售人员要想利用避重就轻法促成订单时，还需要注意一些问题，只有这样，才能收到较好的效果。

（1）不能忘记根本目的是最终达成交易。

（2）避重就轻成交法也是一种心理学方法，销售人员要研究客户的心理。

（3）避重就轻法本身可以作为一种取巧性策略，即"无形中牵着客户的鼻子走"，但要注意避免弄巧成拙，把客户看成傻瓜是非常愚昧的。

（4）要做良好的设计，包括回答下面的一些问题：如何围绕主题来设计成交？如何避重就轻？该"避"那些？该"就"那些等等。

（5）不要东扯西扯。销售人员避重就轻，但是"就轻"的"轻"也应该是客户关心的、有关交易的要素，漫无边际地瞎扯很容易招致客户反感。

（6）注意在交易过程中对客户施加影响和积极引导。

（7）避重就轻成交法是一种突破障碍，先达成一系列的小交易，然后再实现达成大交易的方法。因此在此过程中可能会遇到交流、信息反馈、异议处理等问题，销售人员要妥善处理这些问题。

总之，在销售过程中，避重就轻成交法是销售人员遇到成交障碍时，暂时绕过障碍，达成其他的一些较小的交易，最终克服障碍，达成大交易的技巧。销售人员要想促成订单，使用好此技巧，往往就能够突破障碍，获得订单，至少是一部分小订单。

先假设成交，再设法成交

下面请看一个优秀的服装售货员成功销售服装的例子。

当一个客户在试穿西服看是否合身时，这位售货员没有问："你是否要买？"而是领着客户到镜子跟前让他自己看。"你瞧，这衣服你穿上多合身。"售货员边说还边扯扯客户的衣角，紧接着又说："我们现在去量尺寸吧。"

售货员喊来裁缝——仍没有忘记扯着客户的衣角——问道："您瞧，他穿着如何？"

"很好，我现在就为您量。"裁缝说着，量着尺寸，拿起笔在衣服上画起来。

"腰部合身吗？"售货员问道。

"是的，这样很好。"客户答道。

"先生，裤子就这么长，您看如何？"售货员又问。

"啊，当然。"客户回答道。

"先生，您喜欢有反褶的裤脚吗？"售货员问。

"不喜欢。"客户答。

"这套衣服做好需要多长时间？"售货员问裁缝。

"星期四就可以来取了。"裁缝直接告诉客户。

"这身衣服看起来很适合您。"售货员最后又说了一遍,并赞许地点点头。

"随我到领带室来,我为您选一条配套的领带。"售货员说着,挽起客户的胳膊,走进领带室。

在上面的例子里,售货员一次又一次巧妙地采取了假设成交的方法。从假设客户要照镜子到客户要量尺寸,又到要定做衣服的时候,最后要配领带,无一不是售货员假设的结果。

客户没有说出"不"字,也就暗示同意了。售货员知道此时这笔生意已经十拿九稳了。

售货员在确认这桩生意能成交之前一直没有停止采用假设的方法,到客户走出商店的时候,他还未停止推销:"请下次来时一定再找我。"这里,他又一次地假设客户会再来。

事实上,因为售货员从始至终都在虚构"你要这件产品"的结果,那么,这种虚构的结果如何呢?结果是:客户果然要了这件商品。这属于一种心理定式。

作为一个优秀的推销员,如果在假设客户愿意购买的前提下,进行推销,这种态度对于客户作出购买决定有着积极的影响。

不怕不成交,只怕多比较

比较是一种非常有趣也是非常成功的成交法,你可以用简单、轻松、愉快的方式来使用它。使用这种方法,可以使客户看到希望,转变看法。

下面是几个成功的比较成交法的例子。

"赵经理,买这件产品就是一项投资,像任何投资一样,你利用的时间越长,它的价值就越大。这就像骑自行车一样。你蹬的时间越长,它跑的就越远。但你可以在任何时候停下来,下车。同样,买这个产品也是这个道理。你用的时间越长,它的价值就越大,而且你可以在任何时间将它卖掉。但你首先必须做的是,骑上车,蹬起来。我说的有道理吗?"

"王先生,不要把它看成是花销,这不是花销,是投资。不管什么时候,只要你愿意,你就可以把它卖掉。就像储蓄账户一样。你每个月都可以往这个账户里存钱。当这个账户存在时,你可以享受该产品的好处,如果你以后想关闭这个账户,你可以把钱全取出来。所以,我不是要让你花钱买东西,而是要让你投资,我说的对吗?"

"朱先生,现在有头等舱和经济舱两种票。但它们的价格是一样的,你可以自由选择。不过既然价格相同,我们还是应当坐头等舱,你同意吗?"

"张小姐,这就像私人养老金计划一样,你每个月同样是往里存钱,唯一的区别在于,你不必等到退休才享受它的好处,你从第 天就可以享受它的好处,此外,你还拥有了一份时刻都在增值的资产。张小姐,我想你是明白这个道理的,怎么样,咱们谈一谈吧?"

"吴先生,当你洗澡时,你不是一下子就跳进澡盆里去的,而是先伸出大脚趾,划动一下水,试试温度。这就是我现在要请你购买的原因,先伸出大脚趾,试一下。如果你觉得合适,你可以再往里探一下，这样不是更好一些吗？"

运用对比成交法，准确地抓住了客户的购买心理。这种办法适合任何推销，而且简单易行。

运用比较法，在对比中突出产品的优势，让客户对你推销的产品优势一目了然，发生兴趣，成交也就水到渠成了。

以二择一，把成交权交给客户

以二择一，就是销售人员在设定客户一定会买的基础上，为客户提供两种购买选择方案，并要求客户选择其中一种购买方法。

有一次，乔·吉拉德去访问一位五金店的老板，目的是推销保险业务。听完乔·吉拉德的自我介绍后，两人进行了如下的对话：

"保险是很好，只要我的储蓄期满即可投保，20万、30万是没有问题的。"其实，老板是决心未定，准备溜之大吉，他只是应付推销员。

"您的储蓄什么时候到期？"乔·吉拉德采取迂回战术，顺藤摸瓜，紧紧抓住老板的话不放松。

"明年2月。"还有差不多1年的时间，乔·吉拉德心想，这是真的吗？

"虽然说还有好几个月，那也是一眨眼的工夫，很快就会到期的，我相信，到时您一定会投保的。"乔·吉拉德给五金店老板先吃定心丸。

"既然明年2月才能投保,我们不妨现在就开始准备,反正光阴似箭,很快就会过去了。"乔·吉拉德说完,就拿出投保申请书来,一边读着客户的名片,一边把客户的大名、地址一一填入。客户虽然想制止,但乔·吉拉德不停笔,还说:"反正是明年的事,现在写写又何妨。"

"您的身份证可以借我抄一下号码吗?反正是早晚都得办的事。"乔·吉拉德不给对方说话的机会。

"保险金您喜欢按月交呢,还是喜欢按季度交?"乔·吉拉德采用选择法提问。

"按月交比较好。"乔·吉拉德在申请书上填好。

"那么受益人该怎样填写呢?除了您本人外,要指定孩子,还是太太?"乔·吉拉德利用选择法追着问五金店老板。

"妻子。"

乔·吉拉德又试探性地问道:"你方才好像讲到30万?"乔·吉拉德作出填写的样子,但这时千万要注意,没等到对方明确答复时,绝不能想当然地填写,那样就要弄巧成拙了。

"不,不能那么多,8万就行了。"五金店老板说。

"以您的财力,本可投保40万……现在按照您的意思,8万……"

"20万好了。"五金店老板说。

"3个月后我们派人到府上收第二季度的保险金。"

"喔!那不是今天就要交第一次的吗?"五金店老板说。

"是的。"

于是客户也不说明年投保的事了,当即交了保险金,乔·吉拉德开好收据，互道再见。

乔·吉拉德终于把一件没影的生意谈成了。他使用的就是半推半就的选择成交法，一步步地把客户由明年拉回到今天成交。选择成交法的要点就是使客户回避要还是不要的问题。

运用选择成交法的注意事项：销售人员所提供的选择事项应让客户从中作出一种肯定的回答，而不要给客户拒绝的机会；向客户提出选择时，尽量避免向客户提出太多的方案，最好的方案就是两项，最多不要超过三项，多了会使客户举棋不定，拖延时间，降低成交几率。销售人员要当好参谋，协助决策，否则就不能够达到尽快成交的目的。

选择成交法的优点是可以减轻客户的心理压力，制造良好的成交气氛。从表面上看来，选择成交法似乎把成交的主动权交给了客户，而事实上就是让客户在一定的范围内进行选择，可以有效地促成交易。

强调来之不易，加大成交筹码

来之不易的东西具有更大的诱惑力，因为并非人人都能拥有。如果钻石与鹅卵石毫无区别，人们也就用不着劳神费力去把它们从地上筛选出来。人们想得到那些别人不大容易得到的东西，而且他们希望被人接受、被人重视，比如无数的乡村俱乐部的那些需要显示身份、地位和资格能力的会员们。

运用这种技巧时，推销员不会问："您想买吗？"相反，他会问对方有没有条件，够不够资格买。一旦处理得当，客户就会忘记自己在做出一个本可不做的购买决定——他们的脑子里塞满了能否买得起，是否有资格买的问题！

保险代理人："弗雷德，我坦率地告诉你，你的健康状况令人担忧。我有一些方法能让你有资格买下这份保险。现在，请你在这儿签字，以便我的公司获准与你的医生联系，我会预约一个时间让你做健康检查。"这种成交技巧起作用，是因为每一名保险代理人都懂得那些不具投保性的人都想尽量拿到人寿保险，尤其是当他们健康状况不佳时，他们更想得到可能得不到的东西！

汽车推销员："汤姆，我认为你应当考虑一下那些稍便宜的车型，我想你不可能买最新款的车。"在这里，客户受到挑战，偏要证明一下自己买得起最昂贵的车。

家具厂代表："我的公司在本市只需要一家经销店来代表我们出售各式家具。坦率地说，杰，我们想跟那种实力雄厚、信誉良好的零售商合作。我不敢确定你的商店正合适。"在这里，客户再次受到挑战，急于证明自己有能力和资格与该公司合作。

艺术品交易商："这幅稀有的油画是一位收藏家的拍卖品，我希望看到它被那些严肃对待艺术收藏的人所拥有。直率地说，先生，我并不想把它卖给那些一点不欣赏它的人。我对那种只能证明自己出得起钱的人不感兴趣。只有那些具有高品味、真正热爱艺术的人才有资格拥有这幅高品质的油画。"在这里，买主也必须证明自己有条件购买产品。

房地产代理人："这套房子对您来说可能大了点，也许我应该带您到别的地方看看面积小一些的住宅，那样您可能感觉满意一点。"在这里,代理人向客户微妙地提出挑战,并且使他处于必须捍卫面子的状态。

运用来之不易式成交法时,要"迫使"客户证明自己有资格和能力成为买主,激发客户的占有欲和自私心理,促成客户下订单。

陈述利弊,让客户自己作决定

这种方法主要是为客户分析利弊,合情合理地让客户选出最好的方式。

例如:

"李先生,每月花费300或400元,你可以拥有一所很不错的房子,或者,用同一笔钱,你可以从房管部门租一所房子。不管采用哪种方式,你都可以住上漂亮的房子,但我们都知道,哪一种选择更好一些。"(对只租不买的人要使用这种方法)

"你可以分期付款买车,也可以用同一笔钱租一辆车。不管哪种方法,你都可以开上一辆漂亮的车,但同样,我们都知道哪种方法更好。"(停一秒钟)

"李先生,你能够看到这件产品的利益和好处,你知道拥有它的意义,怎么样,考虑一下吧。"(先买一件)

这种方法适用于客户钱不多时,可以鼓励其少买一些。

"你知道,李先生,我们在会跑之前,要先学会走,欲速则不达。我们必须先找到立足点,等有了信心后再前进。同样道理,这件产品几乎每个人开头也都是先买一两件,以后再逐渐增加。这是一个自然的过程(让客户感到这种情况很正常,完全可以接受)。如果你先买一件试试,我想是不是更好一些?"

"你知道,赵先生,爬梯子要从最下面一级往上爬,而不能倒过来。所以,一开始可以先少买一点,不要买太多。在用的过程中,如果你觉得好,以后可以再多买一些。我想这种办法更适合你,你说是吗?"

"想一想,李先生,如果你想买一件毛衣,你要做的第一件事是找到你喜欢的样子,然后把它拿在手中,感觉一下它的质地。然后,你查看一下它的标签,看看它的尺寸和洗涤方法。最后,你试穿一下,然后再买。当你穿坏之后,如果你对这件毛衣的质量很满意,你可能会回到原商店,再买一件。这个道理同样适用于我们现在的情况。你可以先买一件试试,如果你感到满意,你可以回来再买。此外,这样做还可以大大减少你的第一次投资,不增加你的难度,我说的有道理吗?怎么样,你是想让我们送货,还是自己拿走?"

销售员应当对理智成交法加以深刻领会,在销售过程中并熟练掌握和运用,以期为自己争取到更多的订单。